D1673478

„ . . . und wenn ihr den Gipfel des Berges erreicht habt, dann werdet ihr anfangen zu steigen . . ."
Kalil Gibran

Umschlag, Titel: „Die Ödipus-Sage", Athen, 1980 - Rücken: Probe zu „Der Prinz von Homburg", Buenos Aires, 1988

Michael Meschke · Grenzüberschreitungen

Meinen Eltern Pfarrer Kurt Meschke und Eva-Juliane, geb. Anker

Michael Meschke

GRENZÜBERSCHREITUNGEN

zur Ästhetik des Puppentheaters

1996
verlegt bei Wilfried Nold in Frankfurt am Main

Die Deutsche Bibliothek - CIP-Einheitsaufnahme

Meschke, Michael:
Grenzüberschreitungen : zur Ästhetik des Puppentheaters /
Michael Meschke. - Frankfurt am Main : Nold, 1996
ISBN 3-922220-79-7

Abildungen:
Thomas Årlin, S. 112 · Barcello, S. 33 · Beata Bergström, S. 27, 43, 45, 46, 67, 73, 75,
78, 79, 114, 115, 117, 143 · Eva Engström, 55 · Karl Gabor, S. 40, 95, 145
Hernried, S. 22 · Lennart Jacob, S. 25, 65, 111 · André Lafolie, S. 82, 83, 157
Patricia Leeson, S. 85, 87, 89, 91, 93 · Lesley Leslie-Spinks, S. 84, 98, 100, 101, 102
Tinja Lindshain, S. 19 · Sven, Lundqvist, S. 159 · Sven Odulfson, S. 11
Zannis Psaltis, S. 36, 148 und Umschlag-Titel · Enar Merkel Rydberg, S. 29, 123
Mikael Ullén, S. 154 · Jochen Walkenhorst, S. 50

©
WILFRIED NOLD
Eppsteinerstr. 22
60323 Frankfurt/M.
Tel. 069 72 20 83
Fax 069 17 26 58

Vorwort

Mit der Veröffentlichung dieses Buches versuche ich ein Versäumnis nachzuholen, das der Hebung eines Schatzes nahekommt. Neu zu entdecken war für mich ein ungewöhnlicher Mensch von hohem geistigen Niveau, ein großer Theatermann, Michael Meschke.

Die Basis, das künstlerische Handwerkszeug, erwarb sich Meschke in den fünfziger Jahren auf ausgedehnten Studienreisen durch Europa. So strebte er zielsicher seinen wichtigsten Lehrmeistern zu: Harro Siegel in Braunschweig und Étienne Decroux in Paris.

Der persönliche Lebensweg und der künstlerische Werdegang Meschkes werden gleichermaßen von dem Generalthema „Grenzüberschreitungen" durchzogen. Meschkes Eltern überschritten gerade noch rechtzeitig als Emigranten die Grenze zwischen Nazideutschland und Schweden. Im Klima einer freiheitlich gestimmten, künstlerisch orientierten Erziehung durch das Elternhaus und in der Schule von Viggbyholm konnten Meschkes außergewöhnlichen Begabungen aufbrechen und gedeihen. Freiheitswille und Wissensdurst, sicher auch Erlebnishunger, drängten ihn, schon während der Schulzeit die Grenzen seiner neuen Heimat zu überschreiten, sich „die Welt" zu erobern.

Der Künstler trug als junger Mann seine Marionetten im Reisegepäck, zumindest hatte er zeitweise seinen Puppenclown als Tramphilfe dabei. Dennoch war er sich nicht sofort und von Anfang an seines Weges in das Reich des Puppentheaters sicher. Schließlich gab es an seinem wichtigsten ersten Zielort, in Paris, genug andere Anregungen und Möglichkeiten. Aber wie das so ist bei diesen und bei anderen Abenteuerfahrten: Nach Umwegen, Einbahnstraßen und Sackgassen kommt man letzten Endes da an, wo man ankommen muß.

Bei Meschke werden drei Entwicklungslinien erkennbar - einerseits sein Weltbürgertum auf der Grundlage humanistischer Bildung deutscher Provinienz - andererseits manifestiert sich in seinen Anfängen die Aufbruchsstimmung des jungen befreiten Europa nach dem Zweiten Weltkrieg. Darüber hinaus wendet sich der Künstler als reifer Mann den geistig-philosophischen Strömungen des Fernen Ostens im Gewande tradierter Theaterkultur zu und transformiert sie in seiner Arbeit.

So gleicht Meschke einem Baum, der seine Wurzeln im Mutterboden der europäischen Kultur verankert hat, der aber seine Äste, Zweige und Blätter nach Osten richtet. Früchte und Samen dieses Baumes werden von den bunten Vögeln der Kunst über die engen Grenzen des heimischen Mischwaldes hinausgetragen und keimen auf diese Weise in den entlegendsten Gegenden der Welt.

Meschke überspringt wie kein anderer seiner Zeit- und Altersgenossen mit kühnen Sätzen und dem Elan des Charismatikers die Einzäunungen des Puppentheatermilieus der Nachkriegszeit. Als einer der wenigen wagt er es, die Stoffe der Weltliteratur auf die Puppenbühne zu bringen. In diesem Sinne ist Meschke heute noch Avantgarde.

Michael Meschke legt mit seinen „Grenzüberschreitungen" keinen spezifischen Beitrag zur Theorie seines Metiers vor. Seine Reflexionen und Annäherungsweisen an die Ästhetik des Puppentheaters, vermischt mit den Erfahrungen eines reichen Theaterlebens, stammen aus der Werkstatt des Machers. Sie wollen Anstöße geben zum eigenen Nachdenken und Erleben der Leserinnen und Leser.

In ihrem Tenor lassen Meschkes Ausführungen den Moralisten erkennen. Aber er kommt uns nicht „moralin-sauer", wenn er seine Ästhetik als Zwillingsschwester der Ethik vorstellt, beide als Paar untrennbar zusammengehörend.

Für mich charakterisiert Meschke eine Einstellung zur Kunst, zum Theater, die zukunftsträchtig ist. Ohne daß der Autor explizit einer bestimmten philosophischen, weltanschaulichen oder religiösen Richtung zuzurechnen ist, stellt er die Kunst des Puppentheaters auf den Boden, aus dem sie gewachsen ist. Das ist der Kultus.

Meschkes Theater ist Nahrung für Körper, Seele und Geist. Uns als Zuschauer bleibt die Wahl, wie wir uns bedienen, welchen Bereich unserer Existenz wir zuerst nähren und wie wir die Leckerbissen verteilen. Er hat dieses Buch „mit Feuer im Herzen" geschrieben. Als Verleger war es für mich ein ganz besonderes Vergnügen, ihm dabei über die Schulter zu schauen. Mit Freude habe ich feststellen können, daß der Autor der deutschen Sprache neu begegnet ist und daß diese Arbeit für ihn möglicherweise eine neue Annäherung an Deutschland darstellt, vielleicht sogar die Lösung eines komplizierten Verhältnisses zu seiner ersten Heimat ist.

Wilfried Nold   Mai 1996

gegenüber: Prinzessin, Marionette von Michael Meschke aus:„Die Geschichte vom Soldaten", 1953

Warum dieses Buch

Was haben Khalil Gibran, Edith Piaf, Bertold Brecht, Igor Strawinsky, Antonin Artaud, Joan Miró, Wilhelm Furtwängler, Jean Vilar, György Ligeti, Étienne Decroux, Charles Chaplin, Harro Siegel, Aubrey Beardsley, Jean-Louis Barrault, Edward Gordon Craig, Marcel Marceau, und und . . . gemeinsam ? Sie haben gemeinsam, daß sie das Leben eines Theatermannes, eines Puppenspielers, beeinflußt haben. Sie haben die Kunst des 20. Jahrhunderts geprägt. Ich trage das Erbe von ihnen in mir wie ein wandelndes Jahrhundert, so lebendig ist es für mich. Nicht daß ich sie alle gekannt habe, dazu bin ich weder alt noch bedeutend genug. Aber sie gaben Vorbilder und Inspiration dazu, meine „unmögliche" Laufbahn als Puppenspieler anzutreten. Dabei zähle ich nicht die vielen Menschen mit, die mich in jungen Jahren, wenn man es am meisten braucht, auf andere Weise ermutigten. Ob noch lebendig oder schon tot, sie sind ständig da, so *anwesend,* daß mein Zeitbegriff in Verwirrung gerät.
Ich erlebe gestern und heute wie ein zeitloses *Dasein.*

Andere mögen beurteilen, ob es vielleicht Zeichen von beginnender Einsicht und Reife sind, daß ich jetzt etwas von meinen Berufserfahrungen mitteile. Aber wie kann ich so verschiedenartige Erfahrungen unter einen Hut bringen, die davon kommen, daß ich nicht nur einen sondern mehrere Berufe erprobt habe: Regisseur, Dramaturg, Dramatiker, Marionettenhersteller und Szenograph, Mime, Schauspieler und Puppenspieler.

Gibt es einen gemeinsamen Nenner ?
Ich glaube ja. Um das zu untersuchen, bieten sich verschiedene Blickwinkel an - vom Wort her, vom

Bild her, vom Persönlichen her. Da komme ich immer wieder auf das Wort Theaterästhetik, wobei zwei Erklärungen nötig sind.

Erstens bedeutet für mich Ästhetik DIE LEHRE VON DER FORM, nichts anderes. Zweitens gibt es keine Ästhetik ohne Ethik. Beide Begriffe scheinen mir unauflöslich zusammengeflochten zu sein, wobei die Ästhetik der Ethik dient. Wie bringe ich einen Inhalt in eine adäquate Form? Diese Frage provoziert immer neue Antworten.

Gibt es denn so etwas wie „Ästhetik im Puppentheater"? Ist Puppentheater nicht eine marginale Form von Kindertheater, eine Beschäftigung für ausgeflippte Experimentatoren und fanatische Bastelvereine? Wer so vom Puppentheater denkt, meint es nicht unbedingt schlecht, nur weiß er nicht genug von diesem Gebiet. Das kann man dem Unintressierten nicht gerade vorwerfen. Aber der Neugierige kann mehr erfahren wollen. Jawohl, Puppentheater *ist* „Kasperletheater", Kinderunterhaltung und sogar Bastelei. Das sage ich nicht ohne Stolz. Nur kann es auch so viel mehr und ganz etwas anderes sein. Alles hängt davon ab, wie man dem Puppenspiel begegnet, wie man es definiert. Puppentheater kann selbständige Theaterform sein, Alternative für Erwachsene zum Schauspielertheater, ein Kunsterlebnis ersten Ranges. Wer durch solche Definitionen neugierig geworden ist, findet in Deutschland, von wenigen Ausnahmen abgesehen (z. B. Steinmann, Knoedgen u. a.), kaum Literatur über ernste Versuche, diese Kunstform zu analysieren. Noch heute berufen sich Puppenspielkenner auf Heinrich von Kleist und Edward Gordon Craig, obwohl keiner von beiden eigentlich vom Puppentheater sprach, sondern es als Metapher für andere Gedanken benutzte.

1987 schrieb ich auf Anregung der schwedischen Theaterkritikerin Margareta Sörenson und zusammen mit ihr das Buch „Auf der Suche nach der Ästhetik des Puppentheaters". Es erschien in schwedischer, englischer und spanischer Sprache. Das Buch wechselt zwischen Erinnerungen, Theorie, Konstruktionsanweisungen und anderen Themen, um ganz verschiedene Leser zu interessieren. Es beschäftigt sich mit Definitionen von Begriffen und enthält Vorschläge für eine gemeinsame Fachsprache, die uns fehlt. Besonders wird die Bewegung analysiert, denn sie ist die Voraussetzung für eine Arbeit, die versucht, tote Figuren zum Leben zu erwecken.

Die internationalen Reaktionen auf dieses Buch deuteten auf einen wirklichen Bedarf. Wenn ich Bühnenkünstlern, gleich welcher Kategorie, und besonders jungen Puppenspielstudenten begegnete, fragte man mich immer wieder nach dem theoretischen und analytischen Überbau zu den praktischen Erfahrungen. Besonders freute es mich, wenn meine Arbeit als Brücke zwischen verschiedenen Bühnengattungen verstanden wurde.

Nun schlug der Verleger und wahre Liebhaber des Puppentheaters, Wilfried Nold, vor, dieses Buch zu übersetzen, um es in Deutschland herauszubringen. Aber er wünschte sich mehr von den persönlichen Erfahrungen meiner Berufsausübung, deren Kennzeichen es sei, so Nold, Themen von großen Autoren zu spielen, das große Publikum zu erreichen und künstlerische Grenzüberschreitungen als ständige Herausforderung anzusehen. All dies war Grund genug, ein neues Buch zu schreiben, das gewissermaßen eine Fortsetzung des ersten darstellt, wobei es unvermeidlich ist, auf bestimmte zentrale Gedanken zurückzukommen. Wilfried Nold ahnte nicht, daß sein Angebot auch eine willkommene Gelegenheit war, mich der deutschen Kultur neu zu öffnen. Unerwünscht lange war ich von dieser getrennt. So ergab das

Schreiben auch eine neue Hinwendung zu meinem deutschen Ursprung.

Wer von meinem Ausgangspunkt aus Puppentheater schafft, stößt dauernd auf Zusammenhänge zur Theaterkunst als Ganzes. Ich sehe Theater mit animierten Figuren nicht als Selbstzweck, sondern als ein Instrument für künstlerische Kommunikation, als einen Zweig unter vielen am Baum der Bühnenkünste. Als solcher ist das Puppentheater allerdings ein ganz spezifischer, selbständiger und „auswachsener" Zweig. Er hat seine eigenen Gesetze, seine eigene Ästhetik. Meine Fragen und Antworten, das was sich im Kopfe eines heutigen Puppenspielers bewegt, bleiben persönlich. Ich erhebe keinen Anspruch darauf, etwas Neues oder Allgemeingültiges zu sagen. Meine Erfahrungen kommen aus einer wenig typischen Art und Weise, Puppentheater zu betreiben. Wachsendes Interesse für diese Arbeit hat das Bedürfnis nach Aufzeichnungen hinreichend bestärkt, und so gehe ich mit Freude daran.

Im künstlerischen Schaffen wie auch sonst im Leben sind meine Triebkräfte Lust und Pflicht. So hoffe ich, dem Leser dieses Buches etwas von meiner Liebe zum Puppentheater, zur Kunst der unbegrenzten Möglichkeiten, vermitteln zu können.

Ich danke meinem Verleger für sein Vertrauen, meiner Mitarbeiterin Elisabeth Beijer und meiner Mutter für ihre wertvolle Hilfe.

Von Kindesbeinen

Schillersdorf

Man muß nicht unbedingt in Pommern anfangen, wenn man Analyse und Ästhetik des Theaters auf der Spur ist. Da es um Puppentheater geht, wo alles möglich ist, empfinde ich es als natürlich, daß dieser Weg ins Unbekannte nicht nur vorwärts, sondern auch rückwärts, zum Ursprung, führt.

Wie wird man Puppenspieler? Ich konnte diese gewöhnliche Frage nie eindeutig beantworten, weil es keine einfache Antwort gibt. Wie bei den meisten Menschen liegen die Gründe für die Richtung ihres Lebensweges weit zurück in der Kindheit.

Warum ließ ich mich bei den Familienfotos im Pfarrhaus zu Schillersdorf in Pommern immer mit kleinen Figuren in der Hand abbilden? Meine Mutter sagte, es sei mir gar nicht wichtig gewesen, selbst „auf die Platte" zu kommen, aber die Figuren mußten unbedingt vorgehalten werden. Sie erzählte auch, daß ich im Alter von zwei Jahren große Packpapierbogen mit winzigen Motiven vollgezeichnet hätte.

Oder waren es die Bilder im Atlantis-Heft, Jahrgang 1935, die Vater hervorholte, wenn ich wieder einmal Ohrenentzündungen hatte? Da lächelten die liebenswürdigsten Augen aus weißen Gesichtern mir entgegen, die ein Mysterium von Menschenkenntnis und Weisheit auszudrücken schienen. Viel später erfuhr ich, daß ich nicht Menschen sondern Marionetten aus Birma gesehen hatte. Sechzig Jahre später bekam ich sogar das Heft von 1935 wieder in die Hand. Es fand sich in einem deutschen Archiv.

Oder was bedeutete die kassandrahafte Aussage in einem Brief des Dichters Jochen Klepper an die Eltern, wo er von dem vierjährigen Michael meinte, er würde Puppenspieler werden?

Oder . . . könnte die Oder, der Fluß von dessen Ufer meine ersten Kindheitserinnerungen stammen, einen Einfluß gehabt haben? Klar ist jedenfalls, daß die Oder mein erstes Weltbild bestimmt hat. Zum Süden hin endete die Welt dort, wo der Fluß sich bog. Den Ufern entlang hörte sie auf hinter den Büschen, die wie Wasserfälle in den Fluß stürzten. Zum Norden hin . . . da war das Ende der Welt nicht so ganz deutlich. Denn irgendwo da vorne gab es die große Stadt Stettin, wo man bei seltenen Familienreisen auf weißem Dampfer neue Kleider „holte" oder den Zahnarzt „besuchte". Die Anlagestelle hieß Schillersdorf, und der Kern dieser meiner ersten und letzten Heimat, bevor ich „Weltbürger" wurde, war ein weißes Pfarrhaus. Man erreichte es vom Fluß her auf einer ansteigenden Dorfstraße. Sie lief erst an der Mauer entlang, hinter der sich Onkel Rohrbecks Gut versteckte und deren mächtiges Tor sich nur öffnete, wenn ich ihm stinkende Zigarren aus dem Dorfladen brachte. Sie lief weiter am Hügel vorbei, wo riesengroße Kastanien im Winter das Schlittenfahren gefährlich machten.
Da war eine weiße Burg mit Ritterturm, die Bäckerei. Neben ihr wohnte Günther Peckbrenner, der einzige Spielkamerad, nach dessen unbekanntem Schicksal ich lebenslang frage. Schon war man an der Kirche, Vaters Kirche, mit ihrem aufregenden Friedhof. Da bog man rechts ab, am Schulhaus vorbei, wo ich meinen ersten Film sah, und war angekommen. Von einem großen Garten umgeben lag das geschützte Heim, da wo ich in ahnungsloser Familienharmonie aufwuchs, d. h. ahnungslos bis zu jenem Weihnachtstag, an dem ein Stein durchs Wohnzimmerfenster flog und auf dem Eßtisch landete, gerade als wir mit Vater

beim Würfelspielen waren, während die Naziburschen davon rannten.

Daß es eine andere Welt gab, blieb mir fern, aber ich hatte erfahren, was Bedrohung ist, und daß es Wege gab, die immer irgendwo hin führten. Der Dorfweg zum Beispiel. An der Dorfgrenze bei der großen Pappel teilte er sich. Geradeaus ging es nach Kolbitzow. Da sollte es Züge und einen Bahnhof geben, von dem aus man noch weiter fahren konnte. Links aber führte der Weg direkt ins Märchenland, zum Nachbardorf Schöningen. Dort lag das Märchenschloß, Gut Schöningen, dessen Königin eine Fee namens Tante Schlange war. Weiter erstreckte sich die Welt noch nicht. Doch gab es irgendwo die Hauptstadt, Berlin, mir nur bekannt als der Ort für den Schokoladepudding meiner Tante und für die Bonbons, die an den Bäumen wuchsen. Das bestätigte der Opa bei jedem Spaziergang, und er mußte es ja wissen, hatte er doch als Architekt die Häuser dort gezeichnet. Außerdem wußte ich von Berlin nur, daß sowohl Mutter als auch unsere Stahlrohrmöbel von dort waren. Manchmal kamen Besucher aus Berlin mit tollen Geschenken. Einmal eine ganze Autobahn. Einmal ein Kasperltheater. Seine Puppen hinterließen aber keinen tieferen Eindruck. Die Bühne selbst hingegen gefiel mir. Man konnte sie auf einen Tisch stellen und aufklappen. Sie hatte einen Vorhang und Hintergrundmalerei. Bei der Auswanderung kam sie 1939 nach Schweden mit und steht immer noch da.

In dieser Welt gab es auch die ersten Engel meines Lebens, mich selbst eingerechnet. Beim Weihnachtsfest im Dorfkrug unten an der Anlagestelle: magisch leuchtend, weißbeflügelt, nachthemdbekleidet, schritten wir, alle Kinder von Schillersdorf, mit blanken Augen durch den Saal unter der Regie meines Vaters, dem Pfarrer.

Er hätte eigentlich Tänzer werden wollen und hat mich für Mary Wigman und Harald Kreutzberg begeistert. Von seinen Träumen blieb nur eine Doktorarbeit, „Schwerttanz und Schwerttanzspiel im germanischen Kulturkreis".

Die Schillersdorfer Engel erschienen wieder - vierzig Jahre später in meiner Inszenierung von Dantes „Göttlicher Komödie", Abteilung Paradies.

Nein, die Oder machte mich nicht zum Puppenspieler. Aber sicher bekam ich hier die Vorahnungen von einer Welt des Schaffens, wo Phantasie, Magie und Naivität meine Werkzeuge werden sollten.

Viggbyholm, Schweden

In dem neuen Lande Schweden kämpften Integration und das Fremdsein um mich, ein Ringen, das bis heute andauert.

Michael Meschke im Alter von vierzehn Jahren mit seiner ersten Marionette

Paris, Champs Elysées, 1950

Den Krieg erlebten wir zugleich als sehr fern und sehr nahe. Nie vergesse ich die Gesichter der Eltern, als Telegramme den Tod von Angehörigen und Freunden ankündigten.

Die Schule gab meiner Entdeckerlust viel Nahrung. Die auf moderne Pädagogik ausgerichtete Internatsschule zu Viggbyholm, wo meine Eltern als Lehrer Anstellungen bekamen, lehrte zum Beispiel, daß die Arbeit der Hände der des Gehirns gleichberechtigt ist. Bis hin zum Abitur konnten wir Schüler skulptieren, weben, malen, schnitzen.

Eines Tages forderte mich der Keramiklehrer, der selbst Bildhauer war, dazu auf, Marionettenköpfe aus Ton zu modellieren. So entstand meine erste „Inszenierung", die Farce vom Meister Pierre Patelin. Sie wurde mit den Klassenkameraden (nur die Mädchen) vor der ganzen Schule aufgeführt.

Danach erfuhr ich, daß es draußen in Europa Puppenspiel geben sollte. Die Neugier auf die bisher verschlossene Welt außerhalb Schwedens wurde immer pochender. Ich war nicht mehr zurückzuhalten. Aber wie sollte ich loslegen?

Paris I

In den Nachkriegsjahren waren Europas Straßen voll von kühnen und armen Jungen, die von Land zu Land fuhren. Das selbstverständliche Verkehrsmittel hieß „trampen". Damals waren die Autobesitzer großzügig und furchtlos. Man teilte gerne. Das Trampen hatte sich so eingespielt, und die Entfernungen waren so berechenbar, daß man sich in Stockholm für 14 Uhr, drei Tage später unterm Triumphbogen in Paris, verabreden konnte. Dieser Treffpunkt hatte mit meinem Geburtstag zu tun. Daß ich am französischen Nationalfeiertag, am 14. Juli, geboren worden war, hatte meine Mutter fertiggebracht, ohne zu ahnen, was das für mich bedeuten würde.

Aber die Konkurrenz der vielen Tramper machte mir Sorgen. Wer spät an der Ausfahrt einer Stadt ankam, mußte sich als letzter in eine lange Schlange stellen. Sich vorzudrängen, wäre mit dem Ehrenkodex der Tramper nicht vereinbar gewesen. Aber ich hatte eine Lösung: ein freundlich lächelnder Clown namens Archibald. Im Winter davor war ein amerikanischer Solomarionettenspieler in Stockholm aufgetreten. Spät abends schlich ich mich von zu Hause weg, um -

als Zuschauer in der Loge - von Bob Bromley aus Hollywood zu lernen, wie ein Marionettenkörper gebaut ist. Er war wohl mein erster, großzügiger Fachlehrer. Nach dieser Begenung baute ich Archibald.

Nun stand ich auf der Straße, und an meiner Stelle winkte Archibald mit seinem Daumen. Das war erfolgreich. Einmal nahm mich ein Journalist mit und machte gleich eine Reportage mit Bildern, die beweisen, daß ich nicht lüge.

So ging es rasch dem Ziel zu, nach Paris. Ich hatte bescheidenerweise beschlossen, erst mal Modeschöpfer zu werden. In Paris angekommen, gelang es mir irgendwie, mir eine Einladung zur Modenschau bei Jacques Fath zu besorgen. Ich hatte ihn ausgewählt, weil er die schönsten Damenröcke, „the new look" machte. Daß ich mit Sandalen, selbst entworfener Samtjacke und roten Manchesterhosen dort hineinplatzte, störte niemanden außer meine Schwester, die mich begleitete. Die behauptete, ich sähe aus wie ein Storch, der sich verlaufen hat. Die Eroberung der Modewelt ließ auf sich warten. Der Sommer ging zu Ende, und ich mußte zum neuen Schuljahr nach Hause trampen. Die Schule erzwang eine ärgerliche Unterbrechung meiner Zukunftsplanung. Immerhin machte sie mir klar, daß ich *nicht* Tänzer werden sollte. Ich gastierte nämlich drei Abende an einer Ballettschule. Dann hatte ich davon genug, denn die voraussichtliche Ausbildungsdauer von mehreren Jahren störte meine Eile, sehr bald etwas werden zu wollen.

Salzburg

Ein neuer Sommer kam, und diesmal zog es mich nach Salzburg, der Hauptstadt der Musik und der Ort, wo mein Patenonkel, Wilhelm Furtwängler,

während der Festspiele arbeitete. Das bedeutete Freikarten zu Konzerten und Opernvorstellungen. Durch ihn gelang es mir auch, bei den Proben des Opernregisseurs Oscar Fritz Schuh Zutritt zu bekommen. Ich durfte ganz hinten im Dunkeln zuschauen, wie er „Die Entführung aus dem Serail" inszenierte. „Wir" waren kurz vor der Premiere. Es lag Spannung in der Luft. Eine wunderbare Inszenierungsarbeit war so gut wie beendet. Besonders genoß ich ein Duett des endlich befreiten Liebespaares. Sie standen am Ufer kurz vor der Abreise in die Freiheit. Der Wind wehte ihnen freundlich entgegen. Da wurde mir plötzlich ganz kalt. Nicht vom Wind, sondern weil ich einen furchtbaren Regiefehler entdeckte. Der Wind wehte von links, die Segel des Schiffes aber waren so geformt, daß der Wind von rechts kommen mußte. Zwar war das Schiff nur ein meterlanges Dekorationsstück, von den davor stehenden Sängern sogar ziemlich verdeckt, aber welch Fiasko für den Regisseur, wenn jemand sehen würde, was ich sah! Während der letzten Tage hämmerte mein Herz. Niemand hatte den Fehler entdeckt, und man näherte sich dem Meister Schuh nicht einfach mit Kritik, nicht wenn man mit kurzen Hosen und Rucksack ganz hinten im Dunkeln saß. Anderseits mußte ich nicht doch handeln? Oder? War ich ihm nicht großen Dank schuldig, daß er mich hereingelassen hatte? Wußte er überhaupt, daß ich noch da war? Gewissensqualen bedrohten meinen Verstand. Aber bevor ich ihn verlor, brachte ich es fertig, auf einen winzigen Zettel diese Worte zu schreiben: „Der Wind - das Schiff: Richtung. Hochachtungsvoll MM". Am Bühneneingang übergab ein vor Scham dunkelroter Jüngling dem Schuh den Zettel. Bei der Premiere war das Schiff umgedreht und die „Entführung" wurde ein großer Erfolg. Meinen Lehrmeister sah ich nie wieder und mein „Salzburger Engagement" wurde bis heute nicht erneuert. Nein, Opernregisseur mußte ich wohl ein anderes mal werden.

Das letzte Schuljahr verlief irgendwie, einschließlich Abitur. Ich erinnere mich daran nur, weil ich Jahre hindurch nachts einen Schreckenstraum hatte. Ich verpaßte das Abitur, weil ich Marionetten baute. Die Wahrheit ist nicht weit vom Traum entfernt, denn ich bastelte und schrieb Pantomimen und Entwürfe zu gewaltigen Dramen über Weltschmerz und Liebeskummer. Leider wurde auch meine sprühende Karriere als Schriftsteller unterbrochen und zwar vierzig Jahre lang. Erst in den neunziger Jahren kam ich dazu, eigene Stücke zu schreiben, die Dramen „Musik von Sarajewo" und „Die Kinder von Sarajewo".

Nein, weder Mode noch Oper noch Ballett noch Schriftstellerei waren das rechte. Vielleicht sollte ich doch lieber die Welt des Puppentheaters zu erobern versuchen . . ? Natürlich ahnte ich die ganze Zeit, daß sie irgendwie auf mich wartete, daß sie und nur sie es mir ermöglichen könnte, für *alle* meine Neigungen einen Ausdruck zu finden.

Europa

Nun war ich wirklich frei. Die Schule war vorüber. Die Welt stand offen. Also wieder auf die Straßen! Beim Trampen kreuz und quer zeichnete ich mir meine eigene Europakarte. Wo andere Karten Städte und Grenzen zeigten, war meine voller Namen von Puppenspielern. Vom Hörensagen und durch Bücher erfuhr ich, an welchen Orten es vor dem Krieg Puppentheater und besondere Traditionen gegeben hatte. Ich nahm mir vor, diese Orte aufzusuchen, um festzustellen, ob die Puppenspieler noch da waren. Eines nach dem anderen fand ich - Künstler und Theater - entdeckte die Meister der Zeit in Deutschland, in Frankreich und in Italien. Meine Entdeckungen

beschrieb ich sogleich in einer Artikelserie für die stockholmer Abendzeitung, Aftonbladet, welche die Reise finanzierte.

Die Hauptstadt des europäischen Puppentheaters war, wie hätte es anders sein können, Paris. Das heißt, dort geschah Erneuerung, dort war das Puppentheater beliebt, dort gediehen auch Traditionen. Ich taumelte hin und her zwischen den traditionellen Guignolbühnen in allen Gärten von Paris und den modernen Puppenspielern, die in bescheidenen Theatern oder Nachtclubs spielten. So wurde ich mit wechselndem Enthusiasmus empfangen, von Yves Joly, Georges Lafaye, Geza Blattner, Jacques Chesnais, André Blin . . . Blattner zeigte mir seine aus Schrott gebauten aber sehr poetischen Objekte. André Blin ließ mich sogar auf die Brücke seiner Marionettenbühne, um seine Marionetten zu führen. Es war verwirrend, diese Welt zu entdecken. Bei wem sollte ich wohl anfragen, wer würde mich als Schüler annehmen? Eigentlich wußte ich es schon, aber ich wollte mich nicht von Paris trennen. Der größte unter den Puppenspielern, das mußte der Künstler sein, der den Mephisto geschaffen hatte, eine Marionette, die ich auf Bildern gesehen hatte. Aber er lebte in Braunschweig, in Deutschland, im Nachkriegsdeutschland, dessen graue Not kaum lockte. Es war Professor Harro Siegel, Leiter der Puppentheaterabteilung an der Werkkunstschule. So fuhr ich doch nach Braunschweig.

Braunschweig

Im „Rückspiegel" betrachtet, war es wirklich eine Lehrzeit, eine Erkenntnis, wie man sie oft erst nachträglich gewinnen kann. Vor allem war es eine Einführung in die deutsche Kultur. Obwohl ich seit meiner Kindheit von ihr durch Eltern, Erinnerungen und Erziehung geprägt war, hatte ich sie nie selbst „gelebt". Trotz des mörderischen

Schattens, den der Nazismus über sie warf, empfand ich Stolz, ihr anzugehören. Das ergab eine schmerzhafte Ambivalenz, die Jahrzehnte andauern sollte: einerseits Ekel und Schrecken allem Deutschen gegenüber, andererseits Liebe zu Familie und Freunden und Bewunderung deutschen Kulturgutes. Ich trug viel davon in mir, sollte aber nie erfahren, daß ich von Deutschland angenommen wurde. Dabei phantasierte ich oft darüber, was geschehen wäre ohne Nazismus. Sicher hätte Deutschland für einen Künstler meiner Sorte eher Platz gehabt als Schweden, und wahrscheinlich wäre mein Gefühl des Fremdseins nie so groß geworden. Ich stellte mir vor, ich hätte in Berlin ein schönes Nationalpuppentheater aufgebaut . . .

Im Braunschweig des Jahres 1951 strömten mir deutsche Kultureindrücke zu, vermittelt vor allem durch Harro Siegel. Seine Qualitätsanforderungen beeindruckten mich ebenso wie seine breite und tiefe Bildung. Er ließ nichts aus, hielt nichts zurück - von Goethe bis Edward Gordon Craig. Er besaß eine große Offenheit dem Angelsächsischen gegenüber - von Bernhard Shaw bis Bertrand Russel. Im Kriege hörte er BBC - verbotenerweise. Auch Siegels große Familie wurde mir vertraut. Seine Frau Adelheid war Vorbild für meine erste weibliche Marionette. Ich las Kleist, Büchner, Zuckmayer, Trakl, Musil, vor allem aber Brecht, entdeckte die neue deutsche Musik und Malerei. Am meisten traf mich Borcherts „Draußen vor der Tür". Der Titel bezeichnete treffend mein vorherrschendes Gefühl.

Damals sah ich dem französischen Schauspieler Jean-Louis Barrault ähnlich, besonders in seiner Rollengestalt als Baptiste im Film „Die Kinder des Olymp". Ich nehme an, daß diese Ähnlichkeit hauptsächlich dem Hunger zu verdanken war.

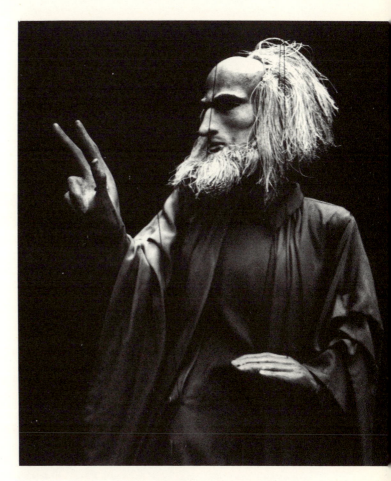

Faust, Marionette von Harro Siegel

Da gab es ein Faschingsfest. Ich kleidete und schminkte mich als kreideweißer Pierrot, also Baptiste, und zog so durch die öden braunschweiger Gassen zur Technischen Hochschule, wo der Ball stattfinden sollte. Fremd und verloren unter groben Karnevalsmasken verzog ich mich an die Bar, bis eine mit einem schwarzen Frack bekleidete Dame mich entdeckte und zu mir kam. Ungewohnte Wärme und der Sekt ließen Wirklichkeit und Romantik ineinander verschwimmen. . . . und der Jüngling war nicht mehr „draußen".

Jean-Louis Barrault in dem Film
„Die Kinder des Olymp"

Paris II

Nun wollte ich Mime, Pantomime, werden. Es gab eine neue Welle im französischen Theater, die von Étienne Decroux ausging. Gegen die traditionelle Pantomimenkunst stellte er den modernen Begriff von „Mime". Gegen das Gestikulieren und die Zeichensprache forderte er zur Gestaltung von tieferen Gefühlen mit den Mitteln der Körpersprache auf. Der Ausgangspunkt seiner Schule war die Natur selbst und ihre Gesetze. Der Film „Die Kinder des Olymp" hatte mich schon oft ins Kino gezogen. Mit einer unübertreffbaren Rollenbesetzung (Jean-Louis Barrault, Pierre Brasseur, Arletty, Maria Casares, Pierre Renoir und sogar Decroux selbst) erzählt der Regisseur Marcel Carné das Leben des Pantomimen Charles Deburau in der Pariser Theaterwelt der Mitte des 19. Jahrhunderts. Eines der größten Meisterwerke der Filmkunst erweckte mein Interesse für die Mimenkunst und für ihre Geschichte. Ich sah eine Entwicklungslinie des stummen Körpertheaters, von Deburau angefangen, über seinen Schüler Louis Rouffe weiter zu dem Mimen Sévérin um die Jahrhundertwende, und dann über Charles Dullin bis zu Étienne Decroux.

Nach einer strengen Audienz, wo mein schmaler Körper Gnade fand, wurde ich von Decroux angenommen, zu einer Zeit, wo Jean-Louis Barrault noch auf Pariser Bühnen spielte und Marcel Marceau die ersten Schritte zu seinem Weltruhm machte. Das Studium war schonungslos. Es genügte nicht, mager zu sein, um Mime zu werden. Aber Decroux' ebenso physisch orientierter wie analytischer Unterricht, sein Scharfblick und seine Ehrlichkeit seiner Aufgabe gegenüber faszinierten mich. Hier erwarb ich Kenntnisse vom Körper, von Naturgesetzen, wie künstleri-scher Ausdruck durch Bewegung möglich war, was hier

Als ich nach einem knappen Jahr braunschweiger Traurigkeit wieder nach Paris entfloh, wußte ich nur eines, ich würde nie Puppenspieler werden. So geistig reich die Zeit mit Harro Siegel auch war, so erschreckend schlecht erschienen die beruflichen Aussichten, eine Tatsache, die Siegel wenige Jahre später zum Aufgeben seiner Tätigkeit zwang.

überhaupt echt und was unecht war, wie tief man an gehen muß, um Authentizität zu erreichen. Hier erhielt ich Inspiration und Grund-lage für eine eigene „Bewegungsgrammatik" für Puppen, an der ich bis heute arbeite.

So fordernd das Studium bei Decroux auch war, es konnte mich nicht davon abhalten, „nebenher" Marionetten zu bauen. In den miserablen Buden, in denen ich Unterkunft fand, gab es immer Platz für etwas Ton. Ich gestaltete die Köpfe für Strawinskys „Geschichte vom Soldaten", erstens, weil Musikerfreunde mich auf das Werk hinge-wiesen hatten und zweitens aus Liebe zu seinen Charakteren: Teufel, Soldat, Prinzessin. Da wußte ich noch nicht, daß daraus mein Durchbruch als Puppentheatermann erwachsen sollte.

Hier in Paris war es nicht leicht, sich auf Puppen-köpfe zu konzentrieren. Ich konnte mich nur schwer von den Cafés und Gäßchen des Quartier Latin losreißen, die zu meiner neue Heimat gewor-den waren. Anstatt der Oder nun die Seine: Neben ihr Saint Germain des Près und sein Herz, „Le Tabou", der Nachtclub, in dem Juliette Greco, Jean Paul Sartre, Albert Camus, Edith Piaf, Yves Montand, Charles Trenet, Jean Cocteau usw. verkehrten . . . Hier in Paris wollte ich also nicht Puppenspieler werden und konnte gleichzeitig die Faszination nicht verleugnen, die mein Studium ambivalent machte. Ich mußte noch etwas anderes finden, das mir klar machen konnte, was ich eigentlich wollte.

Der Höhepunkt europäischen Theaters, so möchte ich behaupten, war das Théâtre National Populaire im Palais de Chaillot. Begründer und Leiter war der Regisseur Jean Vilar. Was hier geschaffen wurde, war neben Brechts Berliner Ensemble und dem Piccolo Teatro in Mailand, die wichtigste künstlerische und kulturpolitische Erneuerung des

„Baptiste", Marionette von Michael Meschke, 1951

Theaters. Was mich bei Vilar besonders anzog, war ein Deutlichmachen der *poetischen* Möglich-keiten der Bühne. Es gab hier, mitten in heißer Dramatik auch Momente von reiner Poesie und sanfter Stille, die mich anregten. Typisch für Vilars Arbeit war seine Stückwahl. Er brachte „altes" und „neues" Theater zusammen, immer von bedeutenden Autoren. Er machte auch komplizierte psychologische oder historische Vorgänge deutlich, für jeden begreiflich. In Aufführungen wie „Der Prinz von Homburg" (Heinrich von Kleist), „Lorenzaccio" (Alfred de Musset), „Der trojanische Krieg findet nicht statt" (Jean Giraudoux), „Don Juan" (Molière) lernte ich, was äußerste Sensibilität, reine Poesie und Dynamik auf der Bühne sein konnten, mit Schauspielern wie Gérard Philippe, Jeanne Moreau, Georges Wilson und Jean Vilar (auch wenn er der Regisseur war). Eine ganz bedeutende Rolle spielte immer die Musik. Maurice Jarre war jahrelang Vilars Hauskomponist.

Hier in Paris lernte ich etwas ganz Aufregendes, Entscheidendes, nämlich daß Theaterkunst *ganz überzeugende, ganz reine, ganz poetische Gestaltung* sein kann, und daß es *möglich und wert ist, die höchstgesteckten, scheinbar unerreichbaren Visionen zu erstreben.*

Wenn es einen Sinn hat, einen „Heureka-Moment" zu suchen, in dem ich wußte, daß das Theater mein Gebiet werden würde, dann kann es der Augenblick gewesen sein, in dem Gérard Philippe als Prinz Homburg der Jeanne Moreau als Prinzessin Nathalie einen Handschuh reichte. Paradoxerweise wußte ich, daß Marionetten, Figuren, Puppen meine Spezialität werden sollten. Warum? Weil allein die Puppen die große Freiheit bieten, in beherrschbarem Format alle Visionen zu verwirklichen.

Wie man Puppenspieler werden kann, darauf gibt es also nicht nur eine Antwort. Wenn Journalisten diese Frage stellen, ist man eher besorgt eine klatschige, kurze Antwort zu liefern, statt über das Phänomen der Frage selbst nachzudenken. Wer fragt Maler oder Tänzer? Kein Tagesjournalist hätte die Geduld, lange genug zuzuhören, eine Geduld, die ich möglicherweise vom Buchleser erhoffen darf, weil dieser den Zusammenhang zwischen ersten Erinnerungen und meiner kommenden Arbeit vorausahnt.

Kindheit und Jugend, Herkunft und Erfahrungen formen die grundlegenden Werte des Menschseins. Diese Werte bestimmten meine persönlichen künstlerischen Ausdrucksbedürfnisse. Deshalb die Wahl großer Themen und großer Autoren: Weil sie Fragen stellen, in denen jeder Mensch seine geistigen Grundbedürfnisse wieder-findet. Es geht um die existentiellen Fragen des „Warum" und des „Wie". Antworten auf die Frage „wie" führten zu Grenzüberschreitungen, nicht beliebiger Art oder weil es gerade Mode ist, sondern nur, um die beste Form zu einem Thema zu finden.

Michael Meschke mit seiner Marionette „Ritter Blaubart", ca. 1950

Definitionen

In diesem Buch möchte ich mich mit den Eigenschaften und Möglichkeiten einer potentiellen Kunstform namens Puppentheater beschäftigen. Ich sage „potentiell", weil es nicht selbstverständlich ist, daß Puppentheater Kunst ist, ebensowenig wie ein Bild, ein Tanz, ein Film oder ein Musikwerk. Bevor ich gewisse Erfahrungen anhand bestimmter Inszenierungen beschreibe, scheint es mir nützlich, auf den Wert von Begriffsbestimmungen aufmerksam zu machen. Im Puppentheater, wie anderswo im Theater und im Leben überhaupt, gebrauchen wir häufig subjektive Begriffe in objektiver Absicht. Aber mangels übergreifenden Konsenses versteht jeder die Begriffe anders. Das erschwert natürlich das künstlerische Schaffen. Man redet leicht aneinander vorbei.

Ein Begriff wird dann allgemeingültig, wenn sich die Mehrzahl über seine Bedeutung geeinigt, oder wenn er wissenschaftlich bewiesen ist. Das Wort „Hitze" erlebt jeder anders, je nach der eigenen physischen Konstitution, oder womit er den Begriff vergleicht. Sagen wir aber „Plus 30 Grad Celsius" weiß jeder, was gemeint ist.

Kommunikation

Theater machen heißt analysieren, Fragen stellen, gegebenenfalls Antworten vorschlagen. Theatermachen heißt immer kommunizieren. Aber die Kommunikation alleine garantiert nichts. Auch Mussolini und Hitler waren geschickt im Kommunizieren. Entscheidend ist, über welchen Inhalt und mit welchen Mitteln man kommuniziert, das heißt, miteinander umgeht. Auf mehr erdnaher Ebene ist es praktisch, daß die Kommunikation rationell und überzeugend vor sich gehen kann;

erst mal zwischen den Theaterleuten, dann zwischen der Bühne und dem Publikum. Kommunikation funktioniert vorwiegend durch Worte - wenn auch nicht allein. Wenn wir uns um den Tisch setzen, um ein bestimmtes Stück kennen zu lernen, brauchen wir eine Berufssprache, um uns zu verständigen.

Zwar gibt es unter Theaterleuten ganz spezielle Ausdrücke und Fachbegriffe, eigentlich sind es jeweils wiederum Spezialsprachen, die in Ausbildungsstätten, in Werkstätten, unter Regisseuren, Bühnenbildnern, Komponisten usw. benutzt werden. Oft aber werden die Begriffe nicht definiert. Der Regisseur mag sagen „Diese Stelle muß *dynamischer* sein". Der Bühnenbildner gibt mehr Farbe, der Komponist steigert vielleicht das Tempo, wogegen der Regisseur es so gar nicht meinte. Jeder hatte eine andere Auffassung von dem Wort „dynamisch"! Aneinander vorbeireden ist für eine gute und effektive künstlerische Zusammenarbeit natürlich verheerend. Ich selbst untersuche schon lange verschiedene Möglichkeiten, die Kommunikation zu verbessern. Dies geschieht in der alltäglichen Theaterarbeit am MARIONETTEATERN und beim Unterricht in verschiedenen Schulen.

Jedes Gebiet hat seine Fachterminologie. Sie gibt den Ausübenden das unentbehrliche Handwerkszeug, um sich *sachlich* zu verstehen. Das klassische Ballett zum Beispiel hat für jede Übung seit Jahrhunderten festgelegte Begriffe, eine ganz eigene Sprache. Jedes Kind in den Tanzschulen der ganzen Welt weiß, was „frappé" oder „ronde de jambes" bedeutet. Im Puppentheater gibt es nur einzelne gemeinsame Begriffe.

Vokabular

Seit meiner Zeit bei Decroux arbeite ich an einem von ihm inspiriertem Vokabular für die Puppenspielkunst. Es ist möglich und nötig Fachausdrücke zu bilden, die das Verständnis zwischen Berufsausübenden erleichtern. Hauptsächlich beschäftigt mich der Bereich der Bewegungsterminologie, wo die Begriffsverwirrung groß ist. Zugleich ist dies das wichtigste Gebiet für den Puppenspieler, denn die Bewegung gibt der Puppe Leben.

Was ist Bewegung?

Mein Vorschlag: eine Veränderung im Raum zwischen zwei Unbeweglichkeiten.

Alles ist Bewegung, und jede Bewegung bedeutet etwas.
Jede Bewegung kann anders ausgeführt werden.
Jede Bewegung hat eine Ursache und eine Wirkung.
Jede Bewegung hat eine Richtung.
Jede Bewegung breitet sich aus in Raum und Zeit.

Was ist „Kraft"? „Geschwindigkeit"? „Dynamik" ?

Welche Handlungen erfordern welche Kraft, Geschwindigkeit, Dynamik? Was ist Gegengewicht, Rhythmus, Dosierung, Gleichgewicht? Auf alle diese Fragen gibt es Antworten, manchmal nur eine, manchmal verschiedene. Jeder Puppenspieler sollte mit ihnen vertraut sein. Da ich hier meine „Grammatik" nicht über Gebühr ausbreiten will und kann, soll ein einziges Beispiel genügen: der Begriff „dynamisch".

Die eigentliche Bedeutung des Wortes Bewegung ist *muskuläre* (oder geistige) *Energie in Verbindung mit Geschwindigkeit.*
Einfacher ausgedrückt: wie man Kraft und Geschwindigkeit verteilt und anwendet. Ein Satz klingt anders, eine Bewegung wird anders, ob man sie schwach und langsam *oder* stark und schnell gestaltet. Auf keinen Fall bedeutet „dynamisch" einfach schnell, ebensowenig wie der Begriff „Tempo" weder langsam noch schnell bedeutet sondern nur *Disposition* von Zeit.

Was ich vorschlage, ist nicht nur ein Wörterbuch, denn wenn man sich eingehend mit Definitionen beschäftigt, muß man an die Quellen unserer Kunst gehen, das Wesentliche enthüllen. Jeder ausübende Künstler braucht erst mal die Fachkenntnisse seines Spezialgebietes, was ihm eigen ist, und was es von anderen Gattungen unterscheidet. Der nächste Schritt ist, danach zu schauen, was die verschiedenen Gattungen gemeinsam haben.

Manchmal kommt es bei analytischen Gesprächen mit Regisseuren, Schauspielern, Tänzern vor, daß diese Repräsentanten anderer Theatergattungen feststellen, durch die Puppe die Quellen ihrer eigenen Berufe wiederentdeckt zu haben, daß uns vieles verbindet. Besonders positiv reagieren sie, wenn ich auf fachliche Ausdrücke komme, wie eben angedeutet. Schwebende Begriffe oder Zustände werden durch ihre genaue Bestimmung eindeutig, gewissermaßen objektiv.
Also mache ich weiter ...

Stilisierung

„Stilisierung" ist ebenfalls ein Begriff, der in Theaterkreisen schlampig gebraucht wird, und dem allerlei Bedeutungen beigegeben werden. In der Theater- und Kunstkritik wird er häufig als

Rama als Bunraku-Figur aus „Ramayana", 1984

Wertadjektiv verwendet. Das kann lobend oder tadelnd gemeint sein. Wir sagen „stilisiert", meinen aber eigentlich „schwer begreiflich" oder „abstrakt" oder schlechthin „anders". Wir sprechen auch von „leicht" oder „stark" stilisierten Formen, ohne daß jemand genau weiß, was gemeint ist. Das mag bei einer Cocktailparty oder einer Vernissage durchrutschen, in ernsthafter Theaterarbeit ist es Ausdruck von Dilettantismus.

Stilisierung bedeutet nichts anderes als *einen Stil zu geben*. Da gibt es *historische* Stile, wie z. B. Jugendstil, Barock, Renaissance, aber auch *Spielstile* wie Commedia dell'Arte, Stummfilmstil oder Butôstil, *psychologische* Stile wie naiv, andeutend, aggressiv, introvertiert, extrovertiert, minimalistisch usw. . . . Mein Lehrer Harro Siegel sagte mit Goethe, daß die Kunst da beginnt, wo die Natur aufhört. An seinen Marionetten erkennt man seine konsequent durchgeführte Stilisierung. Er setzte sich eine bestimmte Grenze, irgendwo zwischen Natur und Abstraktion, und blieb diesem Grad von Stilisierung treu in der Gestaltung jeder einzelnen Figur seiner Stücke, welchen Charakter sie auch haben mögen.
Harro Siegels Marionetten für die Inszenierung von „Faust" hinterließen einen tiefen Eindruck auf mich. In handgeschriebenen Notizen meiner Studienzeit habe ich festgehalten: „*Das Stilisieren der Marionette, hat nur dann einen Sinn, wenn man sie genügend weit führt, um von dem Menschlichen wegzukommen, und doch nicht so weit, daß das Menschliche verloren geht.*"
Und weiter: „*Die Marionette hat nicht dieselbe dynamische Kraft wie der Schauspieler - ihre Kraft ist anders. Sie fängt dort an, wo er aufhört. Die Marionette führt ihre Existenzberechtigung auf das Menschliche zurück. Ob sie wenig verändert ist oder gar abstrakte Form - sie interessiert uns nur im Bereich des menschlichen Ausdrucks. Ihre Eigenschaften müssen gesucht und entwickelt*

werden, gehen aber verloren, wenn sie zum Selbstzweck werden . . ."
Heute wage ich nicht zu entscheiden, ob diese Gedanken von einem zwanzigjährigen oder von seinem erfahrenen Meister kamen. Wie es auch sei, sie drücken eine konzeptionelle Neugier aus, die zeittypisch war.

Stilisierung gibt dem Ausdruck Deutlichkeit und Schärfe. In einer Aufführung kann man aber auch verschiedene Stile anwenden, z. B. ein Sprechstil, ein Bewegungsstil, ein szenographischer Stil. Das Ergebnis kann mehr oder weniger gelingen, oft weniger. Man stelle sich einen „Hamlet" vor, in dem alle hamburgisch sprechen außer Hamlet, der bayerisch spricht, wo Ophelia Charleston tanzt und alle anderen Rollen humpeln, die Kostüme Astronautenkleider sind und das Bühnenbild zu Rotkäppchen paßt. Eine tolle Vorstellung! Das nennt man Stilmischung. Wenn dagegen ein und derselbe Stil in allen Teilen eines Stückes durchgeführt ist, empfinden wir das als konsequent, als einheitlich.

Im Westen dominiert der Realismus als Stil. Pointierte Ausdrucksmittel sind wir kaum gewohnt. Ich glaube, darin liegt die Ursache, daß wir häufig das Wort Stilisierung gebrauchen, um all dem, was vom Realismus abweicht, einen Namen zu geben.

In diesem Sinne würde ich die Opern als eine stilisierte Kunstform bezeichnen, wie auch die Mimenkunst (Pantomime) und das Puppentheater. Die Puppe ist wahrscheinlich die am meisten stilisierte Form wegen des zugleich simplen und komplizierten Phänomens, daß sie ganz und gar aus toter Materie gemacht ist, ganz und gar künstlich gestaltet wird, und ihre Rolle nicht interpretiert sondern *ist.*

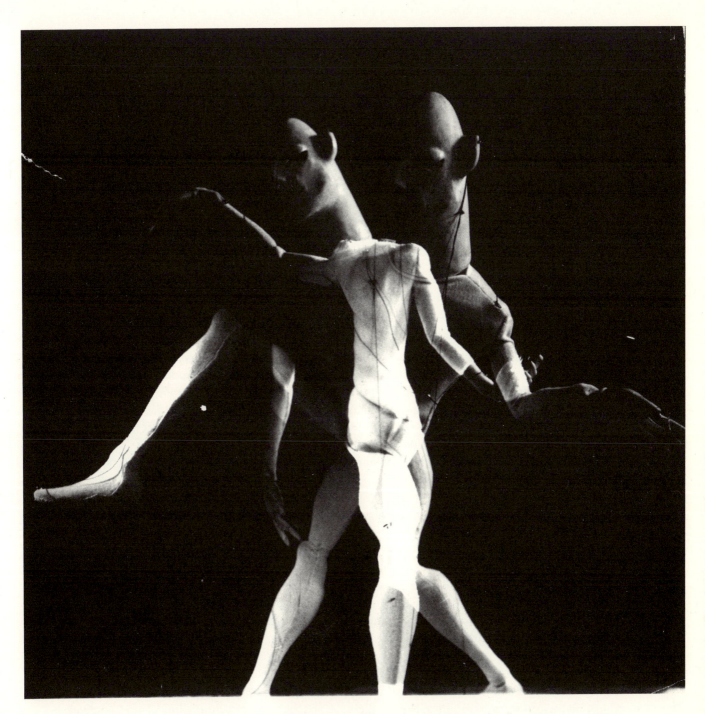

Teufel aus „Die Geschichte vom Soldaten", 1953, Marionette von Michael Meschke

In Asien ist die Stilisierung so selbstverständlich, daß man ihr Gegenteil suchen muß. Indiens zahlreiche Tanz- und Musiktheater-Formen, vom Kathakali im Süden bis zu den rituellen Stammestänzen im Himalaja und die Puppentheaterformen Indonesiens, Wayang Kulit, Wayang Golek, Wayang Klitik, Wayang Orang oder die Tanzformen Barong, Legong, Ketchack, Japans No-Theater, Bunraku und Butô - alle diese Formen nennen wir im Westen „stilisiert".

Ob im afrikanischen Tanz und Ritus, ob im Puppentheater Malis und Nigerias, ob Eskimokultur oder Indianerkultur - global gesehen sind alle diese sogenannten stilisierten Ausdruckmittel vorherrschend. Der europäische und amerikanische Realismus ist hier Ausnahme.

Wenn in Thailand Tchechov oder in Indien König Lear gespielt werden, dann ist das ganz exotisch. Der westliche Besucher vergißt leicht, daß den Menschen anderer Kulturen das, was uns vertraut und selbstverständlich ist, völlig unzugänglich und kurios erscheint. Bei einem Vortrag über das europäische Theater an der Universität von Denpasar, Indonesien, wurde ich, nachdem ich schon eine Stunde lang von unseren großen Dramatikern Ibsen, Gorki, Strindberg gesprochen hatte, von einem Studenten unterbrochen. „Entschuldigen Sie, aber wann werden Sie uns von dem Gesang und den Musikinstrumenten dieser Autoren erzählen?" Es ist den Menschen dort unbegreiflich, daß unsere Bühnenkunst nicht *alle* Gattungen enthält. Ich erklärte dem Fragesteller unsere strikte Abgrenzung zwischen den verschiedenen Gattungen. Aber der Student schüttelte nur den Kopf. „Was für eine merkwürdige, verrückte Form von Stilisierung", meinte er.

Manchmal wirft extrem stilisiertes Theater die etablierten Konventionen durch anarchistische

Überraschungen über Bord. Darauf reagieren wir mit Konsternation oder Begeisterung, wie zum Beispiel beim Living Theatre in den sechziger Jahren. Manchmal ist es umgekehrt, zum Beispiel in der Pekingoper oder im japanischem Theater, wo Konventionen vertrauen schaffen. Der Zuschauer ist mit dem Geschehen so vertraut, daß sein Interesse sich ganz auf die jeweilige Gestaltung der einzelnen Schauspieler konzentriert. In Theatervorstellungen in Japan kann man im Saal Schreie hören: Bewegte Zuschauer rufen laut die Namen der Darsteller als Zeichen von Wertschätzung.

Die größte Bedrohung für das natürliche Bedürfnis der Menschen nach aktiver Teilnahme kommt von dem Lebensstil, den der Mensch sich selbst schafft. Durch die Anforderungen an den einzelnen Menschen in der industrialisierten, technologisch ausgerichteten, modernen Gesellschaft entsteht eine Streßkultur für müde Leute. Sie ist von Fragmentarisierung, passiver Konsumentenhaltung und Hektik gekennzeichnet. Erst beraubt der Mensch sich selbst seines wichtigsten „Kapitals", seines Seelenlebens. Aber gerade das braucht er, um seine Lebensqualität zu erhöhen. Das weiß er. So beginnt er eine neurotische Jagd, um wiederzuerlangen, was er gerade aufgab. Es ist wirklich schade, daß wir Menschen so dumm sind! Um des materiellen Wohlstandes willen zerstören wir unsere eigene Umwelt. „Um die Ecke" warten die geistigen Kräfte, mit deren Hilfe wir auch die materiellen Mittel zu einem wirklichen Aufbau erwerben könnten. Was wir verloren haben, finden Anthropologen in anderen Gesellschaften, bei Naturvölkern, bei „primitiven" Stämmen und in ursprünglichen Bauernkulturen. In den sogenannten Entwicklungsländern begegnen wir vielen Menschen, die uns durch ihre Lebensfreude überraschen. Sie sind nicht so unglücklich wie sie an-

Szene aus: „Irische Legende" nach Werner Egk, 1986, Figuren und Masken: Monika Meschke

gesichts ihrer Armut und Ausbeutung eigentlich sein müßten - oder wie wir sie, nach unseren Maßstäben gemessen, zu sein erwarten. Möglicherweise ist die Erklärung dafür, daß sich diese Menschen durch ihre Form von Kultur eine Lebensqualität bewahrt haben, die genügend Raum läßt für das, was wir am meisten brauchen: konstruktives Denken als Stimulans für Teilhabe und die Anwendung der eignen schöpferischen Phantasie.

Was das mit Puppentheater zu tun hat? Recht viel. Denn es sind meist durch und durch stilisierte Kunstformen, die durch lange Zeiten hindurch gerade solche Qualitäten entwickelt haben, die meines Erachtens für die Lebensgestaltung wertvoll sind. In Tausenden von Varianten und in Verbindung mit den reichhaltigen Traditionen auf der ganzen Erde verbreitet, führt das Puppentheater praktisch vor, wie geistig reich der Mensch ist. Ich meine es so simpel wie: Wer in einer toten Puppe Leben sehen kann, dem stehen potentiell auch die geistigen Kräfte zur Verfügung, die es verhindern könnten, sich selbst umzubringen.

Ästhetik

Das Wort Ästhetik muß genauer definiert werden. Seine Bedeutungen ist schwebend und oft mißbraucht worden. Für den einen bedeutet es schlechthin Schönheit, für den anderen ist es ein Schimpfwort. Jemanden einen Ästheten zu nennen, heißt, ihn für einen Schöngeist zu halten, der sich um nichts anderes kümmert als um Form und Farbe, der die „schmutzige Wirklichkeit" aber von sich fern hält.
Für mich bedeutet Ästhetik *die Lehre von der Form*. Genauer ausgedrückt geht es um die spezifischen Eigenschaften und Gesetze einer Kunstform, und wie man damit umgeht. Puppentheater ist prinzipiell eine solche Kunst-

form mit spezifischen Eigenschaften und Gesetzen. Um ihre Ästhetik zu diskutieren brauchen wir genügend Kenntnisse von der Materie. Es gibt „relative Kenntnisse", die aus persönlicher Erfahrung kommen und deshalb nicht immer zuverlässig sind. Dem steht das gegenüber, was ich „objektive Kenntnisse" nenne. Eine simple objektive Definition von Puppentheater wäre, daß es mit künstlich geschaffenen Akteuren verschiedener Techniken Theatervorstellungen gestaltet.

Eine Quelle, die zu „objektiven Erkenntnissen" führen kann, ist die Geschichte des Puppentheaters. Puppentheater ist so alt wie die Menschheit. Will man jedoch, um zu Erkenntnissen zu kommen, in der Gegenwart bleiben, ist es etwas schlechter bestellt. Die Zuschauer sind zunächst einmal auf ihre eigenen Eindrücke angewiesen oder ausnahmsweise auf die der Theaterkritiker/innen (wenn sie kommen). Der Historiker mag sich hier klugerweise zunächst zurückhalten.

Die zeitgenössische Diskussion über die Ästhetik des Puppentheaters wird nicht leichter durch die Tatsache, daß das Gebiet so reichhaltig ist. Auch wenn man sich in einem Teil der Erde über gewisse Definitionen einig ist, so gilt das nicht auch für alle Kulturen. Es gibt also nicht *eine* Ästhetik sondern viele. Welche spezifischen Eigenschaften hat zum Beispiel die Marionette, einmal abgesehen davon, daß sie mit Hilfe von Fäden bewegt wird? Sie stellt oftmals ein menschliches Wesen dar, Tiere oder ganz andere Gestalten oder Formen. Sie ist immer *Rolle*, also Darsteller im Theater. Ihr Leben ist abhängig von der besonderen Spieltechnik der Fäden . . . usw. Hier gerät man, wie bei jedem Versuch zur ästhetischen Definition des Puppentheaters, in Vergleiche zum Schauspiel.
Vieles wäre über Unterschiede zwischen Puppen und Schauspielern zu sagen. Wir können eine

ganze Liste aufstellen darüber, was der eine oder der andere vermag und was nicht, wie zum Beispiel die grundlegende Definition, daß die Marionette fliegen kann, scheinbar die Schwerkraft aufhebt, der Schauspieler jedoch nicht.

Zu den wichtigsten Definitionen gehört meiner Meinung nach diese: Falls es dem Schauspieler gelingt, die mitgestaltende Phantasie des Zuschauers zu aktivieren, so ist das schön. Im Puppentheater aber ist es eine Notwendigkeit. Kein normaler Mensch geht von zu Hause weg, bezahlt Geld und sitzt stundenlang im Theater, um auf etwas Totes zu glotzen. Bewußt oder unbewußt lockt es ihn, selber mitzumachen, um dort Leben zu sehen, wo kein Leben ist. Das ist ein sonderbarer Prozeß. Wir haben ein schlummerndes Vorstellungsvermögen, eine unterdrückte Schöpferkraft, und empfinden große Lust, wenn wir sie anwenden können wie es im Puppentheater nötig ist. Man stelle sich vor, wie die Welt aussehen würde, wenn wir dieselbe Kraft auch außerhalb des Theaters anwenden würden. Wenn wir uns auf diesen Weg begeben, sind wir ein Leben lang auf Entdeckungsreise. Dabei stoßen wir immer wieder auf dieselben Themen und erhalten Antworten, je nach dem, von welchem Ausgangspunkt her wir die Fragen stellen.

Das Hauptgebiet der Ästhetik ist es, konkrete Formfragen zu stellen, *wie* die Ideen des Theaters umgesetzt werden können. Bevor ich dieses Thema mit konkreten Beispielen aus meiner Tätigkeit eingehender behandeln kann, muß ich, um recht verstanden zu werden, ein persönliches Kredo abgeben.

Ethik

Als Einleitung behauptete ich, daß für mich Ästhetik und Ethik zusammengehören. Mir fällt es schwer, Formfragen aufzugreifen, ohne vorher eine andere Frage gestellt zu haben: *warum?* Das betrifft erstens die existentielle Grundfrage, warum man lebt. Dann, warum man als Beruf Theater wählt und schließlich, warum gerade Puppentheater? Hier gibt es viele Antworten, und sie wechseln im Verlauf eines Lebens. Die Formfragen finden erst dann befriedigende Antworten, wenn ich weiß, wo ich ethisch stehe oder stehen möchte. Ethik bedeutet Moral im weitesten Sinne des Wortes, also auf keinen Fall, „moralisieren", was meiner Meinung nach das Gegenteil zu Moral ist. Daraus folgt, daß das Theater, ob mit Puppen oder mit Schauspielern, sich mit wichtigen, den Menschen wirklich berührenden Themen beschäf-tigen muß. Damit ist nicht gemeint, daß es sich nur um nachtschwarze Tragödien handeln soll. Diese Kernaussage gilt für alle Gattungen, ob Komödie, Revue, Kabarett, Drama usw. Die Aufgabe des Theater ist es, verschiedene ethische Verhaltensweisen aufzuzeigen und vorzuschlagen! Dies ist nicht möglich, ohne Gesellschaftskritik zu üben, zu revoltieren und womöglich Alternativen aufzuzeigen.

Es geht darum, sich zu engagieren, am Leben wie es ist, teilzunehmen und zwar aktiv. Mein Freund C. S. Malik, ein zeitgenössischer indischer Philosoph, drückt es so aus: „Nicht nur gucken, sondern sehen" und „nicht nur reagieren, sondern agieren". Auf diesem Gebiet hat das Puppentheater stolze Traditionen aufzuweisen. Die Aufgabe Kaspers oder Guignols und deren internationale Brüderschaft war es immer, Machtmißbrauch, Ungerechtigkeit und Unterdrückung anderer zu geißeln. Die Ästhetik steht im Dienste der Ethik. Mit dieser Ansicht im Gepäck packen wir die Formfragen an. Wir spielen viele verschiedene Stücke von verschiedenen Autoren. Da zeigt sich, daß jedes Stück natürlich eine andere Handlung hat, in einer anderen Zeit spielt und andere Botschaften bringt. Die Formlösungen, die zu einem bestimmten Stück passen, sind beim nächsten nicht mehr angebracht. Wir müssen ebenso mit verschiedenen Instrumenten spielen. So ist es selbstverständlich, einem Streichquartett kein Bläserkonzert aufzuzwingen.

Viele bedeutende Künstler des Puppentheaters halten sich an eine einzige Spieltechnik, zum Beispiel manche Puppentheater, die sich der Traditionspflege verschrieben haben. Eine mehr anarchistische Einstellung hingegen, ich nenne sie Voraussetzungslosigkeit, erleichtert nicht gerade die Theaterarbeit. Die Anforderungen an Kenntnisse und Wissen steigen hier enorm.

Aus diesem Blickwinkel gesehen, ist das Puppentheater eine ungemein schwierige Kunst. Ich muß aber hinzufügen, daß die Lust, immer wieder neu und anders anzufangen, auch von anderen Faktoren abhängt: Es liegt mir nicht daran, etwas zu wiederholen. Unser Publikum - sowohl in Stockholm als auch in der Welt - hat sich dermaßen an ein Theater der ständigen Überraschungen gewöhnt, daß wir gar keine andere Wahl hätten!
Dieser Ruf führte unter anderem dazu, daß die „Grand Old Lady" des russischen Puppentheaters, Eleonora Speth uns einlud, 1976 in Moskau beim UNIMA-Kongreß zu spielen mit der ausdrücklichen Bitte, nichts allzu „Aufregendes" zu bringen. Es war in der sowjetischen Zeit, wo manche ausländische Besucher, darunter Amerikaner, vom Russenschreck traumatisiert waren.

Wir spielten Pablo Nerudas Stück „Joaquin Murieta". Es erzählt von der Ausbeutung von Chilenen die um 1850 nach Kalifornien ausgewandert waren. Die Aufführung war Ausdruck unserer Solidarität anläßlich der Zerstörung der chilenischen Demokratie. In dem Stück kommt

vor, daß amerikanische Räuber die Fahne der eingewanderten Chilenen zertreten.
Plötzlich kam es, höchst unvorhergesehen, zu einem Skandal: Die amerikanischen Besucher verließen rasend und unter wilden Protesten den Zuschauerraum. Sie waren überzeugt, daß die amerikanische, nicht die chilenische Fahne hier in Moskau, zertreten wurde. (Sie war und blieb aber chilenisch, was jeder im Neruda-Text nachlesen kann!) Dieser Skandal führte dazu, daß das MARIONETTEATERN zum nächsten UNIMA-Kongreß, der 1980 in Washington, USA, stattfand, nicht eingeladen wurde. Zum Trost gab es *eine* Amerikanerin, die das Stück begriffen hatte und unser verzweifeltes Ensemble in Moskau ermunterte: die Puppentheaterkennerin Nancy L. Staub! Wir mußten dieses Stück spielen, nicht etwa ein weniger herausforderndes, unabhängig von voraussehbaren oder nicht voraussehbaren Folgen.
Aus solcher Erfahrung lernte ich, daß die Einstellung zum Leben (= Ethik) für das künstlerische Schaffen entscheidend ist - auch wenn man dafür bezahlen muß.
In diesem Sinne akzeptierten wir eine Einladung nach Fidel Castros Kuba nur unter der Voraussetzung, unsere Diktator-Parodie „König Ubu" aufzuführen.
Ethik kommt vor Ästhetik.

Status

Die Ästhetik des Puppentheaters zu erforschen, kann dazu beitragen, seinen Status zu verändern. Viele Ursachen wirken zusammen, daß der Status des Puppentheaters trotz seiner beeindruckenden Entwicklung, niedriger bleibt als der anderer Gattungen. Manchmal genügt eine einzige Vorstellung, die nicht gefällt, um die ganze Gattung zu verurteilen. Aber wir verurteilen nicht die gesamte Tanzkunst, wenn uns eine Vorstellung enttäuscht

Szene aus „Joaquin Murieta", 1977 Figuren: Michael Meschke

Figuren nach Enrico Baj aus: „Die Affaire Pinelli". 1978

hat. Auch das Zusammenkoppeln von Puppentheater und Kindervergnügen trägt dazu bei, besonders dann, wenn Menschen die Kinderwelt als weniger seriös ansehen. Leider gibt es auch Menschen, die Traditionen im Puppentheater ins Gebiet der Folklore abschieben, ohne einzusehen, daß Tradition und Erneuerung zusammenhängen, einander befruchten. Das kam wohl nie deutlicher ans Licht als 1957 in Braunschweig. Zu den internationalen Festwochen hatte Harro Siegel den wohl radikalsten Puppenspieler der Nachkriegszeit, Harry Kramer, eingeladen. Er bot ein modernes Spiel „Das mechanische Theater" mit deformierten Körpern, die sich zu Jazzmusik und Eartha Kitts Gesang bewegten, und zwar so, daß sich den Konservativen im Publikum die Haare sträubten. Gleich danach hielt Kramer einen Vortrag über die Bedeutung der Tradition für den modernen Künstler, besonders in ihren primitivsten Äußerungen. Damit legte er zumindest bei mir den Grund für die lebenslange Bewunderung volkstümlicher Theatertraditionen. In der radikalen Inszenierung von „König Ubu" (1964) sollte dieser Einfluß explodieren.

Ein weiterer Grund für den niedrigen Status des Puppentheaters ist, daß es lange einen Mangel an kompetenter Analyse und Theorie auf wissenschaftlichem Niveau gab, so als wäre unsere Kunst ihrer nicht wert. So blieben uns im besten Falle die Äußerungen von Theaterkritikern. Diese aber bieten keine zuverlässige Quelle, denn Berufskritiker haben meist nicht die Ausbildung, um über Puppentheater zu schreiben. Sie bleiben auf diesem Gebiet oftmals Dilettanten, auch wenn sie uns schmeicheln. Wo es aber Ausnahmen gab, Kritiker, die sich die Mühe machten, sich in die Eigenart des Puppentheaters hineinzuversetzen, gaben sie konstruktive Beiträge zur Entwicklung. Davon gibt es einige in Schweden. Sie fördern durch ihre

Einsicht und ihre Kenntnisse den Status des Puppentheaters, unabhängig davon, ob sie loben oder tadeln.

Schließlich kann der Puppenspieler nur versuchen, durch hohe Qualität und Beharrlichkeit immer wieder zu zeigen, daß diese Kunst allen Respekt verdient. Das war in einem „puppenspielerischen Pionierland" wie Schweden durchaus möglich. Dabei spielte die Wahl der Stücke großer Autoren sicher eine Rolle: der Berufskritiker hatte literarische Referenzpunkte und konnte dann die Puppentheatervorstellung als eine kuriose Alternative zum Theater mit Schauspielern ansehen und beurteilen.

Schauspieler versus Theaterfigur

Schauspieler und Puppe wurden oft, wie gesagt, verglichen und ihr Verhältnis zueinander diskutiert. Ein Ausgangspunkt könnte die These sein, daß die Kunst der Gegensatz zur Natur sei, eine These die auch vor Goethe schon in der Antike existierte. Der Maler braucht Pinsel und Farbe, nicht den Fotoapparat. Der Schauspieler ist, wenn er seine Rolle gestaltet, nicht er selbst. Auf den Punkt gebracht würde das bedeuten, daß ein Kunstwerk um so stärker wirkt, je mehr es sich von der Natur entfernt. Dies gilt allerdings nicht für die Kunstrichtung, die wir als Naturalismus bezeichnen. Bei den Theaterformen für lebendige Akteure mag die Pantomime ein Beispiel dafür sein, wie eine naturferne Illusion erschaffen werden kann. Étienne Decroux verwandte gerne den Begriff „Marionette", um den idealen Mimen zu beschreiben, wie auch Edward Gordon Craig den Begriff „Übermarionette" für den idealen Schauspieler nahm. Dabei ist das Vorbild, die Marionette, gewissermaßen nur die Maskierung der geschickten Händen und der Interpretation ihrer

„Die Ödipus-Sage", Aufführung: Lykabetos-Theater, Athen, 19

obe zu „Der Prinz von Homburg", Buenos Aires, 1988

Spieler. Der Schauspieler kann per Definition keine vollständige Objektivität erreichen. Ob er es will oder nicht, färbt er die Rolle mit seinem privatem Seelenleben, mit seiner Subjektivität. Das ist seine Stärke, auch wenn dabei das Zufällige und die menschlichen Schwächen, das *Allzumenschliche,* mit hineinrutschen. Bei Schauspielern sprechen wir nicht von Rollen, die wir auf der Bühne sehen, sondern von dem und dem Schauspieler in der und der Rolle. Um ein „objektiveres" Theater zu erreichen, müßte der Schauspieler ein Roboter sein, das heißt die Schauspielkunst negieren.

Ist denn die Objektivität etwas Erstrebenswertes? Ja, insofern es wichtig scheint, sozusagen den *direkten* Zugang zur Botschaft, zum Inhalt zu haben, ohne Umwege, ohne Deformationen.

Hier tritt das Puppentheater ein, aber nicht als Robotertheater und noch weniger, um etwa den Schauspieler zu ersetzen. Ohne ihn wären gewisse Stücke gar nicht aufführbar. Ich habe mich zum Beispiel als Puppentheater-Regisseur vom ausgesprochen psychologischen Ideendrama immer ferngehalten. Je mehr die Figur menschenähnlich zu sein versucht, um so mehr verliert sie ihre Eigenart. Das gilt nicht für alle. Der Schwede Arne Högsander baut außerordentlich eindrucksvolle „naturalistische" Puppen! Aber hier hat die Figur etwas anderes: Sie ist befreit vom Allzumenschlichen. Sie funktioniert insofern als objektiveres Instrument, indem sie einem einmal festgelegten Ausdruck treu bleibt. Sie bleibt exakt und bekommt keine Erkältung. Sie ist Maske und erzeugt als solche Gefühle, die allgemeingültig wirken, weil sie „stilisiert" ist.

Ob durch Übertreibung oder durch Reduktion - die Figur bleibt persönlich, aber nicht individualistisch. Sie kann einen Ausdruck hervorheben und zugleich dem Zuschauer einen Freiraum lassen für die Entfaltung seiner eigenen Beteiligung, für die Freisetzung seiner schlafenden Phantasie. Dadurch kann dem fröhlichen Zuschauer das Lächeln einer Figur wie ein Lachen scheinen, dem Traurigen hingegen wie Melancholie. Dies ist das, was ich den kleinsten gemeinsamen Nenner zwischen Figur und Mensch nenne.

Ich glaube, das erklärt auch, daß das Puppentheater eine selbständige Ausdrucksform sein kann, die in ihrer Wirkung nirgendwo sonst zu finden ist. Wenn es uns sein illusionäres Spiel bietet, mit langsamen, asketischen Bewegungen, fern vom Gestikulieren und Zappeln, voller Würde und Grazie, da kann das Puppentheater eine höchst attraktive Alternative zum Schauspiel bieten. Es hat dann prinzipiell die Möglichkeit, den Traum vom vollendeten Theater zu verwirklichen.

Wortgebrauch - Kulturunterschiede

Untersuchen wir das Wort Puppenspiel oder Puppentheater. Geht es um Spiel mit Puppen oder um Theater mit Puppen? Und warum Puppen? Dieser Begriff wird in verschiedenen Sprachen verschieden ausgedrückt. Die Bedeutung, die dahinter steht, sagt etwas davon aus, wie verschieden sich die Traditionen entwickelt haben und erklärt auch den unterschiedlichen Status dieser Kunst von Kultur zu Kultur.
Im „germanischen" und nördlichen Europa dominiert, ich möchte fast sagen „leider", das Wort Puppe. Da assoziiert man gleich „Kind, Kindheit, Spielerei", also „Kinderkram". Von daher ist der Schritt zur Abwertung klein. Im französischen Sprachbereich herrscht das Wort „marionnette" vor, nicht im Sinne von „Fadenpuppe" sondern als Gattungsbestimmung. Das Wort „poupée" wird in diesem Zusammenhang von Puppentheater über-

haupt nicht benutzt. Zu dem Sammelbegriff „marionnette" fügt man die Bezeichnungen für die verschiedenen Spieltechniken hinzu: „marionnette à fils" für Fadenpuppe, „marionnette à tiges" für Stabfiguren, „marionnette à gaine" für Handpuppe. Besondere Traditionen verschiedener europäischer Regionen haben eigene Namen. So heißt die sizilianische Tradition „Pupi", wobei es sich um Figuren sowohl mit Fäden als auch mit Eisenstangen handelt.

Im traditionsreichen Indien hat jede der vielen Sprachen eigene Namen, durch welche die jeweilige Spieltechnik gleich erkennbar ist.

Die Puppentheaterformen Indonesiens heißen alle „Wayang" und haben, dem Französischen ähnliche Zusätze. „Wayang" bedeutet Schatten. Die immer noch gebräuchlichste Form ist Schattenspiel, mit dem Zusatz „Kulit", Leder, also „Lederne Schatten". Stabpuppen heißen „Wayang Golek". Eine merkwürdige Zwischenform zwischen flachen und dreidimensionalen Puppen heißt „Wayang Klitik" - man könnte sagen: Reliefpuppen. Ich entdeckte noch eine zusätzliche Form, als ich an jenem dunklen Abend in Jakarta in ein rauchiges, vollbesetztes Lokal drängte, um ganz hinten noch einen Platz zu finden. Die Augen gewöhnten sich um, und durch die Wolken der Raucher erschienen ungewöhnlich große „Wayang Golek"-Figuren, die sich fabelhaft präzise und graziös mit den typischen Seitwärtsbewegungen rührten. Nach der Vorstellung wollte ich die Puppen hinter der Bühne bewundern. Da gab es aber keine Puppen, nur Menschen, die sich wie Puppen bewegt hatten und sich jetzt abschminkten. So erfuhr ich, daß ich eine aussterbende Tradition gesehen hatte, die man „Wayang Orang" nannte. Das bedeutet einfach Menschen-Wayang. (Wir kennen den Affen namens Orangutan. Das Orang = Mann, Utang = Wald, der Mann

aus dem Wald.) Hier wurde es zu „Wayang Orang", der Schattenmensch. Es beeindruckte mich, daß hier die Kunst des Puppentheaters eine Kunstform für menschliche Darsteller geschaffen hatte, wo es doch sonst immer umgekehrt ist: Das Puppentheater läßt sich vom Menschentheater inspirieren. Ich wage zu behaupten, daß diese umgekehrte Inspiration einmalig ist.

Die verschiedenen Benennungen enthüllen mehr als nur technische Unterschiede: Sie erzählen von tieferen Dingen, wie Bewertung, dem historischem Platz der Traditionen in der Gesellschaft und vom Status des Puppentheaters. In manchen asiatischen Kulturen würde man nicht darauf kommen, den Wert des Puppenspiels in Frage zu stellen. Das hängt mit den religiösen Wurzeln zusammen.

Manche Puppentheater in Indien beginnen ihre Vorstellungen mit dem Verjagen böser Geister und der Weihung der Vorstellung durch ein Priester. Der indonesische Puppenspieler heißt sogar „Dalang", das bedeutet Priester. Diese Bezeichnung ist übrigens einer meiner höchsten Auszeichnungen. Der Titel „Ehrendalang" wurde mir bei einem Vortrag vor indonesischen Kollegen, nach dem wir den „Kleinen Prinzen" gespielt hatten, verliehen.

In Europa dringt jetzt der Begriff Figurentheater langsam durch. Ich halte ihn für adäquater, vielleicht auch etwas statuserhöhend, kann mir aber nicht helfen, an dem alten Begriff „Puppentheater" nostalgisch zu hängen.

Meine eigene Entwicklung hat dazu geführt, das Wort Theater an die erste Stelle zu setzen - ob nun Puppe oder Figur - für mich geht es erst einmal um eine Unterabteilung der Theaterkunst als Ganzes. Darin zeigt sich keine dialektische Wortspielerei

Ophelia aus „Die Hamlet-Legende", 1994
Figur von Pär Heimdal, 1994

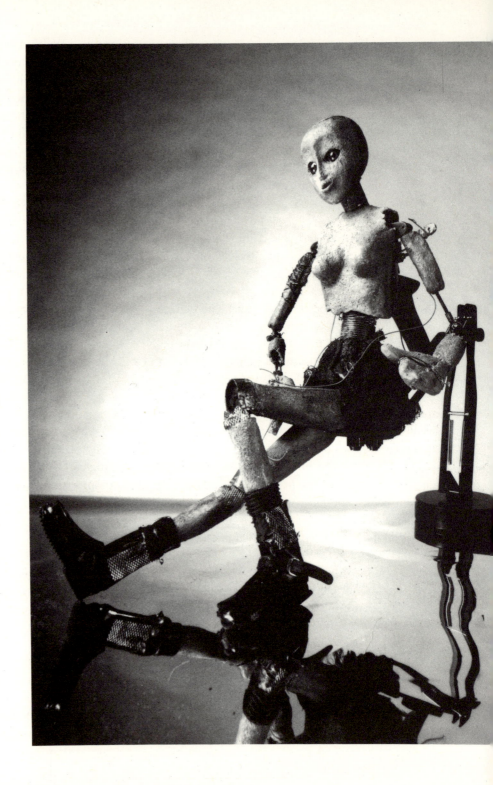

sondern eine Grundhaltung, daß nicht das Theater der Figur dient, sondern daß die Figur im Dienste des Theaters steht.

Repertoire-Wahl

Die Figuren sollen also dem Theater dienen - im Dienste welchen Theaters?
Mir scheint es unmöglich, hier den gesamten Begriff Theater zu definieren. Auch wenn es eine objektive Definition gäbe, bliebe sie rein akademisch. Denn erstens verändert sich die Theaterkunst durch die Zeiten, zweitens hat jeder Regisseur eine andere Definition, nicht so sehr um die Objektivität besorgt als um seine persönliche, subjektive Konzeption. Man kann jedoch die Auffassung von Theater eines einzelnen Künstlers oder eines Theaters daran ablesen, welche Stücke gespielt werden, zum Beispiel Boulevardtheater, Avantgarde-Theater, historisches Theater - und natürlich an der Art, wie sie gespielt werden.

Als ich anfing, hatte ich keine Probleme dieser Art. Ich war voll beschäftigt, angefüllt mit Ideen, mich in Pantomimen „aus eigener Werkstatt" auszudrücken. Ich näherte mich dem Puppentheater ganz unliterarisch, indem ich Marionetten nach freier Inspiration baute und erst dann überlegte, was sie spielen würden. Das Gestalten von Charakteren war mein Hauptanliegen. Als sie fertig waren, erfand ich für sie Handlungen. Ein Beispiel ist die Pantomime „Nocturne" (1953), in der ich eine Gruppe von Puppen aus einer konzentrierten Zeitperiode zusammenführen konnte. Ich hatte das Glück, einen führenden schwedischen Komponisten, Sven-Erik Bäck, kennen zu lernen. Er war von der neuen Theaterform so eingenommen, daß er mir selbst vorschlug, eine Musik zu schreiben. Sie wurde von einer Gruppe junger Musiker einstudiert, und „Nocturne" wurde im Stockholmer Konzerthaus uraufgeführt.

Nocturne 1995

Die Geschichte

Die Nacht ist auf geheimnisvolle Weise lebendig. In der Nacht werden Träume und verborgene Gefühle sichtbar. In der Stadt gibt es einen kleinen Platz. Dort wohnt das Mädchen, das der Leierkastenjunge Benjamin liebt, aber sie erwidert seine Liebe nicht. Sie wirft ihm Geld vom Balkon herunter. Benjamin kauert traurig bei den Abfalleimern nieder, schläft ein. Die Nacht wird dichter. Benjamin schwebt im Traum an das Fenster der Geliebten, aber Fledermäuse umflattern ihn, schrecken ihn auf, er dreht sich und fällt zu Boden. Schlafwandler, Mond und Nachtlaterne; Zeitungen, vom Wind hereingeweht, wirbeln über den Platz - man könnte glauben, es sei ein Liebespaar im Tanz. Der Polizist vom Revier kommt mit wichtigen Schritten: Ordnung muß sein! Er weist Benjamin vom Platz. Der Platz wird still. Nun schleicht sich der Schlachtermeister des Viertels an das Fenster des Mädchens und bringt eine komische Serenade. Niemand beachtet ihn, das Fenster bleibt geschlossen. Von irgendwoher erscheint ein Löwe. Er ist kraftvoll und liebenswürdig zugleich. Er beobachtet den Schlachter, er ahmt seine lächerlichen Gebärden nach, wird plötzlich gereizt und stürzt sich auf den großen Mann, jagt ihn. Dann steht einsam der Löwe vor dem Fenster. Benjamin späht vorsichtig um die Ecke, nähert sich. Der Löwe läßt sich streicheln. Das Mädchen, das die Szene beobachtet hat, trifft seine Wahl. Auf dem Rücken des Löwen reiten Benjamin und das Mädchen in die Nacht. Die Laterne geht aus. Der Morgen naht.

Die hier erwähnte Marionette Benjamin wurde übrigens bald der Liebling vieler Kinder. Nach „Nocturne" war er der Conférencier des MARIO-

NETTEATERN. Seit 1958 begrüßte er bis heute Generationen von Kindern vor den Vorstellungen.

Eigene Pantomimen sollten noch ein Jahrzehnt lang weiter zum Repertoire gehören. Hier bot sich eine Form an für Experimente, Kurzgeschichten, Ideen, die nicht in den Rahmen von schon geschriebenen Stücken passen. Aber es wurde auch bald klar, daß ich auf Dauer weder Zeit noch Kompetenz haben würde, alles selbst zu erfinden. Wenn unser neues Puppentheater sich behaupten wollte, mußten wir die Konkurrenz mit den übrigen, schon existierenden Theatern der Hauptstadt aufnehmen. Es war auch vorauszusehen, daß die Menschen mehr wegen der Themen und der Autoren ins Theater gingen als wegen der Puppen. Um Fuß zu fassen, schien es mir am besten, beides zu nutzten, das Neue der Puppen und bekannte Stücke von bedeu-tenden Autoren. Außerdem hatte die drama-tische Literatur mich ja schon früh begeistert. Ich war ihr in den besten Aufführungen begegnet. Viele Jahre war sie für mich die selbstverständ-liche Quelle für unser Repertoire. Die Wahl von Stücken erfolgte immer spontan, fern von der Mentalität mancher institutioneller Theaterinten-danten, die verschiedene Rücksichten nehmen müssen und aus spekulativen Motiven heraus Stücke auswählen wie Menüs vom Speisezettel in einem Restaurant. Stücke die ich liebte und von Jugend an „im Gepäck" hatte, waren Brechts „Dreigroschenoper", Sophokles' „Antigone", Büchners „Dantons Tod", Saint Exupérys „Der kleine Prinz", Kleists „Der Prinz von Homburg". Andere Themen wurden zu anderen Zeiten aktuell, sozusagen auf natürliche Weise. Damit meine ich, daß die Themen auf einen zu-kommen, weil sie mit den Lebensphasen und den gesellschaftlichen Veränderungen einhergehen.

Komplikationen hingegen gab es, wenn ein Stück „dran" war, aber nicht zum Puppentheater paßte.

Da mußte überlegt werden: Soll man versuchen, die Grenzen des Puppentheater zu erweitern, neue Wege finden oder verzichten? Im Falle „König Ubu" von Jarry schob ich die Frage vor mir her, bis der Zufall die Lösung ergab (wird später beschrieben). Schließlich gab es Stücke, die gespielt werden „mußten", wo aber Schauspieler die alleinige Wahl darstellten. Dantes „Göttliche Komödie" ist ein Beispiel dafür.

Die Wahl spiegelt den Wähler. Das traf auf mich zu, als ich als „Pionier" ohne ausgebildete Mitar-beiter ganz alleine die Verantwortung trug. Ich hatte die totale Freiheit, unbeeinflußt das Reper-toire des MARIONETTEATERN so zu gestalten, wie ich wollte. Dabei war es aber wichtig, ja notwendig, die Mitarbeiter am Theater für meine Ideen begeistern zu können. Das war immer leicht, so lange ich alle Kenntnisse besaß und enthusi-astisch einem Projekt gegenüber eingestellt war.

Ein Repertoire zusammenzustellen, ist auch eine Sache der persönlichen Integrität; an jeder Ecke lauert das Gespenst namens Opportunismus. Die Zeiten ändern sich - im Jahre 1968, als das MARIONETTEATERN zehnjähriges Jubiläum feierte, wählte ich „Undine" von Jean Giraudoux. Die Umstände waren ganz besonderer Art . . . Aber schauen wir zuerst, worum es in diesem Stück geht.

iguren aus „Undine" 1968

Undine 1968

Die Geschichte (kürzeste Fassung)

Ein armes Fischerpaar findet Undine, halb Mädchen, halb Fisch. Sie erziehen sie wie ihr eigenes Kind. Im Walde begegnet Undine dem Ritter Hans. Als das einfache Naturkind, das es ist, gibt Undine dem Ritter direkt und total ihre Liebe. Er hingegen ist ein Opfer der dekadenten höfischen Gesellschaft mit all ihren negativen Gefühlen von Neid und Intrigen. Er kann Undines Liebe nicht so annehmen, wie es richtig wäre, er vermag es nicht, sich ihr voll hinzugeben. Am Hof wird Undine lächerlich gemacht, dann gefangen und gefoltert. Am Ende erscheint der Seekönig und holt sie in ihr wahres Element, das Wasser, zurück.

1968 konnte man, theaterpolitisch gesehen, kaum etwas weniger Opportunes bringen als ein Spiel über die menschliche Unfähigkeit, bedingungslos zu lieben. Zu dieser Zeit beschäftigten sich die Theater mit tagesaktuellen, politisierenden Themen. Junge „engagierte" Gruppen entstanden und brachten neues Blut ins Kulturleben, während manche etablierten Bühnen so weiter arbeiteten, als ob nichts geschehen wäre, als ob sich nichts verändert hätte. Es ergab sich eine Polarisierung. Mich regte die Einseitigkeit der lautesten Propagandeure auf. Alles was Ästhetik hieß, wurde als reaktionär abgelehnt. Dieses Wort war zum ausschließlichen Schimpfwort geworden. Keine leichte Situation für ein Puppentheater, denn es kommt ja ohne Form gar nicht aus! So sehr ich für radikale Veränderungen der Gesellschaft war und etwas dazu beitragen wollte, es schien mir falsch, gar naiv, das Theater zum Werkzeug von Doktrinen gleich welcher Art, von Parteipropaganda oder gar von Revolutionen machen zu wollen. Ich fuhr lieber nach Paris, um dort selbst den 4. Mai 1968 zu erleben, als Jean-Louis Barrault, damals Intendant des Théâtre Odéon, vor den Vorhang trat und erklärte, er sei mit der Jugend - um am nächsten Tag verabschiedet zu werden. Ich sah die Straßenbarrikaden und den wilden Triumph der Rechtsjugend, als das „Establishment" siegte. All das bestärkte mich in meiner Einstellung, es müsse doch andere Möglichkeiten geben , andere „Waffen" zur Veränderung der Welt.

In Undine wird Intoleranz gegen Toleranz gestellt, Härte gegen Weichheit, Haß gegen Liebe. Das Stück zeigte mehr als nur eine mögliche Handlungsweise auf, es lud zum Gespräch ein. Das Stück zeigte, wie nicht anders zu erwarten, in diesem zeitgeschichtlichen Zusammenhang keine allzu große Wirkung, aber es mußte gemacht werden. Öffentliches Scheitern kann wirkliches Gelingen bedeuten. In formaler Hinsicht eroberte diese Inszenierung Neuland, stellte in gewissem Sinne durchaus eine Grenzüberschreitung dar. Doch davon soll an anderer Stelle die Rede sein. Außerdem stellte „Undine" eine besonders *lustvolle* Aufgabe dar. Das ist eine andere, ganz wichtige Triebkraft bei der Wahl von Stücken. Unter mehr als hundert meiner Inszenierungen gibt es höchstens fünf, bei denen es an Lust mangelte, was auch gleich spürbar war. Nur, wenn die Lust *alleine* bestimmen soll, wird sie leicht Selbstzweck. Der Inhalt muß Regent sein. Auch das Tragische kann lustvoll gestaltet werden.

Demjenigen, der intensiv in seiner Zeit lebt, sich beteiligt, die Spannungen, Möglichkeiten, Bedrohungen oder Umwälzungen wahrnimmt, findet wie von selbst die rechten Themen für die Bühne. Die Bewegung, die wir kurz „1968" nennen, hinterließ tiefe Spuren und eine Nachdebatte, die immer mehr ins Extreme entartete. Drei Jahre nach „Undine" brachten wir 1971 Georg Büchners

Szene aus: „Dantons Tod" im schwedischen Reichstagsgebäude, 1971

Szene aus: „Dantons Tod" im schwedischen Reichstagsgebäude, 1971

„Dantons Tod", in dem Mittel und Absichten der französischen Revolution von 1789 diskutiert werden, heraus. Die dort angeschnittenen Probleme waren „tagesaktuell".

Dantons Tod 1971

Die Geschichte

Die Führer der Revolution teilen sich kurz vor ihrer repressiven Phase in zwei Gruppen: Auf der einen Seite der lebensfrohe Idealist Danton, unter anderen von dem Dichter Camille Desmoulin gestützt, auf der anderen Seite der asketische, prinzipienfeste Robespierre mit seinem fanatischen Sprachrohr Saint Juste. Danton will das Töten anhalten, Robespierre meint, das Ziel heilige die Mittel. Der Fanatismus siegt. Danton und seine Freunde werden gefangen und zur Guillotine geführt. Robespierre leitet den Terror ein und bereitet somit die kommende Diktatur Napoleons vor, ehe er selbst Opfer seines eigenen Terrors wird.

Diesmal blieb unsere Aufführung nicht ohne Wirkung. Es war jetzt eher die richtige Zeit, die mehr nuancierten Stimmen zur Revolution zu hören. Aber die große Aufmerksamkeit, die unser Stück bekam, hing auch mit dem äußeren Rahmen zusammen, in dem es stattfand.

Dieses zeitnahe Drama braucht einen „selbstverständlichen Spielplatz", eine Stätte ohne theatralische Belastung. Dafür mietete ich den schwedischen Reichstag (ohne Abgeordnete). Wir brauchten die mächtigen Säle, Treppen und vor allem die Wirklichkeit des Gebäudes im Herzen von Stockholm mit dem Königlichen Schloß gegenüber. Nur war hier alles schwedisch. Die gepflegten, grauen Säle mußten „revolutioniert" werden. Nicht zufällig wählte ich als Szenographin die Französin Françoise Gründ-Khaznadar. Sie brauchte nur die drei Farben der Trikolore, die französische Fahne, um das Gebäude in Aufruhr zu tauchen, dazu wilde Gendarmen, die das Publikum mit Gewalt von Spielstätte zu Spielstätte trieben . . .

Unsere Produktion war eine Zusammenarbeit mit dem Nationaltheater der Schauspielkunst, „Dramaten". Nur Schauspieler wirkten mit, denn dieses Mal war ich überzeugt, daß es lebendige Menschen sein mußten, die Rollen interpretierten. Meine Beziehungen zu „Dramaten" waren ausgezeichnet, da ich oft seine Schauspieler bat, uns ihre Stimmen für unsere Stücke zu „leihen" (Bandaufnahmen). Das berührt das Tonbandproblem. Mir ging es bei der Wahl der Stimmen darum, eine sprachliche Interpretation von höchster Qualität zu erreichen. Deshalb gab ich den besten Schauspieler des Landes vor den dafür nicht ausgebildeten Puppenspielern den Vorzug. Eine erstklassige persönliche Textinterpretation bedeutete zusätzliche Qualität, auch wenn man die Technik der Tonbandwiedergabe in Kauf nehmen mußte. Voraussetzung dafür ist allerdings, daß der Ton eine so gute Qualität hat, daß man glaubt, die Schauspieler stünden, mit Mikrophonen versehen, hinter der Bühne. Ich hatte das einmal im Kölner Hänneschen Theater erlebt. Aber bei mir, wie in vielen anderen Puppentheatern auch, waren nicht alle Mitarbeiter mit diesem System einverstanden. Um so mehr freute mich folgende Aussage des Dichters und Dramatikers Tankred Dorst in seinem Buch Geheimnis der Marionette (Hermann Rinn Verlag, München 1957) „. . . Nie entsteht dabei der Eindruck, als sprächen die plastisch sehr streng geformten Marionetten selbst. Meschke läßt . . . über den Erklärertext hinaus auf der Bühne eine ganz freie, ganz reine Bildpoesie entstehen . . ."

Die Zusammenarbeit mit großen Schauspielern für Puppentheaterinszenierungen hat auch gegenseitige Wertschätzung und manche Freundschaft begründet. So war es nicht schwer, die Akteure von „Dramaten" für das Abenteuer „Dantons Tod" zu gewinnen.

Die Wahl von Stücken am MARIONETTEATERN erregte Aufsehen. Sie war persönlich, indem gespielt wurde, was mir wichtig schien. Sie gab aber auch dem Theater den Ruf, ein im Puppentheater ungewöhnliches Repertoire zu bieten. Das stockholmer Publikum wurde neugierig und blieb treu, während es im Ausland vorkam, daß mehr traditionsgebundene Leute glaubten, wir machten ein ausgesprochenes „Literaturtheater" statt „richtigem" Puppentheater. Vielleicht gibt es hier ein generelles Mißverständnis. Oftmals wählt das Puppentheater „kleine" Themen, weil sein kleines Format dazu einlädt. Damit ist nicht gesagt, daß das immer so sein muß. Das kleine Format macht es in keiner Weise unmöglich, die größten Themen zu behandeln. Mir scheint das nicht viel anders, als vom dritten Rang aus in der Oper Fidelio zu sehen.

Man kann auf diese Weise umgekehrt sogar dazu beitragen, das kleine Format des Puppentheaters, zumindest psychologisch, zu überwinden. Es scheint, daß ich in dieser Hinsicht bis heute ein Außenseiter im europäischen Puppentheater - von einzelnen Ausnahmen abgesehen - geblieben bin. Der Fundus von Stücken, die direkt für Puppentheater geschrieben sind, ist nicht sehr groß. Die gesamte, umfassende Weltdramatik hingegen, ob sie vor zwei Jahren oder vor zweitausend Jahren entstand, liefert jeden wünschbaren Stoff *auch für* die Puppenbühne. Wo in diesem Sinne großes Theater mit Figuren gemacht wurde, erhob sich unser Medium aus seiner randständigen Isolierung, wenn man vergaß, daß es Puppentheater war. Es

ist vielleicht das höchste Lob, daß man die Mittel vergißt und nur von der Idee eingenommen wird. Ist nicht einzig und allein entscheidend, daß es sich um *gutes* Theater handelt?

Bearbeitung

Die Theaterliteratur der Welt enthält bedeutendes Material für das Puppentheater. Es gibt nur das eine Hindernis: Sie wurde für Schauspieler geschrieben, für andere Voraussetzungen als die des Puppentheaters. Es gibt Ausnahmen, aber es sind wenige: Der „deutsche Faust" als Puppenspiel, das gesamte Werk von Chikamatsu, dem Shakespeare Japans, das für das Bunraku-Theater geschrieben wurde und einzelne Meisterwerke von Craig, Sayers und anderen.

Die Stoffe bedürfen also der Bearbeitungen, um sie dem Puppentheater anzupassen. Das ist eine sowohl schwere als auch verantwortungsvolle Arbeit. Sie erfordert in erster Linie Sensibilität, Können und Respekt den Vorlagen gegenüber. Man muß auch wissen, in welcher Richtung, für welche Ziele die Bearbeitung erfolgt. Aber auch dann, wenn man gewisse Regeln einhält, hängt die Qualität schließ-lich vom Einfühlungsvermögen und der Liebe zum Werk ab, das man bearbeitet, und außerdem von der Hingabe an das Medium Puppentheater.

Mein erstes Kriterium ist, den Text auf ein *Minimum* zu bringen, ohne ihn dabei zu verstümmeln. Aus dieser Arbeit folgt bereits ein zweites Kriterium: Kürzungen können dazu führen, die *Reihenfolge* der Geschehnisse zu verändern, und manchmal muß man sogar die Chronologie der Ereignisse ganz umwerfen. Drittens ist es oft nötig, die Zahl der *Rollen* zu *reduzieren,* wobei Komplikationen eintreten können. Eine Nebenrolle kann einen Schlüsselsatz haben, der einem anderem Charakter zugeführt werden muß, damit nicht wegen dieses einen kurzen Satzes eine ganze Figur gebaut, einstudiert und gespielt werden muß.

Werktreue war mir immer heilig, wie z. B. bei Brechts „Der gute Mensch von Sezuan" (1963). Der Text war entschieden zu lang, gewisse Handlungsvorgänge zu kompliziert. Eine Vereinfachung schien unvermeidlich. Aber wie bleibt man bei diesen notwendigen Operationen den Absichten des Autors treu? Typisch für Brechts Dramatik sind die didaktischen Wiederholungen. Wenn man die eine oder andere wegließe, könnte man den pädagogischen Absichten untreu werden. Kurz vor dem Tode Brechts, 1956, hatte ich ihm geschrieben, um seine Meinung zu einer Puppentheaterversion einzuholen. Er hatte enthusiastisch geantwortet, daß die Marionette eine ausgezeichnete Anwendung seiner Theorie der Verfremdung sei. Aber 1963 war Brecht tot und konnte meine Arbeit nicht mehr kontrollieren. Ich rechtfertigte meine Kürzungen, indem ich versuchte, mich in die Lage zu versetzen, wie Brecht selbst heute geschrieben hätte. Da sich seine Dramaturgie nun deutlich im europäischen Theater durchgesetzt hatte, meinte ich, er würde selbst das Bestehen auf Wiederholungen gedämpft haben.

Puppentheater ist gegen allzu viele Worte empfindlich. Die Figur lebt, wie ich immer wieder wiederhole, nicht primär vom Wort sondern durch die Bewegung. So wie die Figur selbst die Essenz der Rolle ist, sollte auch der Inhalt eines reichen literarischen Textes auf seine Essenz gebracht werden. Diese Ansicht, gepaart mit dem Respekt vor dem Werk, gab mir eine Art von Rechtfertigung für die Bearbeitungen. Aber ich war zugleich der Regisseur der Stücke und als solcher hatte ich Deutungsabsichten für den Text, seine Interpretation. Schon allein dadurch ergab sich eine Einflußnahme auf die Bearbeitung des Textes.

Subtext-Interpretation

Ein dramatischer Text besteht aus Worten. Die Bedeutung dieser Worte steht nicht für sich allein, sie ist immer auch vom „Textumfeld" abhängig, vor allem aber von der Art und Weise, wie die Worte gesprochen werden. Sie bekommen ihren wahren Sinn und rechte Funktion erst dann, wenn die Deutung, das heißt der Subtext, hinzukommt. Es gibt viele Vorschläge zur Definition des Begriffes „Subtext". „Subtext ist, was uns das sagen macht, was wir sagen", so Stanislawski. „Subtext ist, wie ich selber in der gegebenen Situation reagieren würde". „Subtext ist, was ich *eigentlich* fühle hinter dem, was ich sage". „Das, was den Worten ihren Ausdruck gibt, ist das, was nicht gesagt wird".

Im „Prinz von Homburg" hebt der Prinz den Handschuh, der seiner heimlich geliebten Prinzessin Nathalie gehört, vom Boden auf und reicht ihn ihr mit der Frage: „Ist es Eurer?" Das sind drei trockene Worte im Textbuch, aber seine Stimme zittert vor Spannung. Falls Nathalie nämlich die Frage mit einem „Ja" beantwortet, bedeutet es in diesem Zusammenhang, daß sie die Liebe bestätigt. In der Frage hören wir nicht nur das Bedürfnis nach einer Information sondern auch das, was der Prinz dabei fühlt, erhofft, beziehungsweise fürchtet.

Die Bedeutung von bewußter Interpretation des Subtextes kann in Bezug auf das Puppentheater nicht genug hervorgehoben werden. Sie ist in keiner Hinsicht weniger wichtig als beim Theater der Schauspieler. Dennoch wird sie im Puppentheater oft vernachlässigt. Häufig wird der Text von der Puppentheaterbühne nur vorgelesen oder

„Stockholm 1912", 1972,
Szene: Karl Liebknecht im Reichstag,
Puppen und Spieler: Arne Högsander,

rezitiert, weil vielen Puppenspielern eine adäquate Ausbildung für die Textinterpretation fehlt. An den Ausbildungsstätten für Puppenspieler fehlt es oft an den Voraussetzungen dafür, vielleicht auch am Interesse. Das Ideal wäre, die doppelte Ausbildung als Puppenspieler *und* als Schauspieler. Die unbestreitbare Tatsache, daß Bewegung und wortloses Theater dem Puppentheater eigen sind, ist kein Grund, das Wort zu negieren, wo es nötig ist. Alles Theater braucht die durchgreifende Textanalyse!

Puppentheater-Formen

Vielleicht hat der Leser aus dem Vorhergehenden schon ein Bild davon bekommen, wie ich das Puppentheater sehe. Es hat nicht eine sondern viele Definitionen, je nach den vielen verschiedenen Traditionen und wechselnden Erfahrungen, je nach der Ethik und der Ästhetik, die sie steuern.

Dazu gibt es innerhalb von relativ etablierten Konzeptionen, meine eigene mit einbegriffen, unzählige Verzweigungen und widersprüchliche Variationen - sonst wäre das Puppentheater nicht das Theater der unbegrenzten Möglichkeiten.

Meistens definieren wir das Puppentheater nach seinen verschiedenen Spieltechniken. Aber da bleibt man an der Oberfläche. Diese Art der Definition bleibt technisch bedingt. Wir müssen tiefer gehen, um den Geheimnissen dieser Kunst auf die Spur zu kommen. Technische Unterschiede führen weiter zu wichtigeren Kriterien in Bezug auf Gestaltung, Bedeutung, Interpretation und schließlich der Wirkung auf das Publikum.

Dies ist meine primäre Überzeugung: Tote Figuren *können* Rollen gestalten. Das *kann* Puppentheater sein, das große Kraft besitzt und in der Lage ist, die Zuschauer zu ergreifen!

Aus dieser Grundüberzeugung heraus folgen weitere Definitionen. Welche Gefühle kann die eine Spielform besser als die andere hervorrufen? Wo paßt eine Spieltechnik besser als eine andere? Viele Fragen, viele Antworten . . . Allerdings muß man aufpassen, nicht dogmatisch zu werden. Wer Antworten findet, riskiert leicht, in ein Kathegoriedenken zu verfallen und danach Inhalt und Form sortieren! Die einzige vorbeugende Medizin gegen eine solche Gefahr scheint mir, immer für all das Unerwartete, für all die aufregenden neuen Entdeckungen offen zu bleiben. (Voraussetzungslosigkeit!) Andernfalls geraten wir leicht ins Fahrwasser von Langweile und Gewohnheit, das heißt, wir wiederholen uns.

Nachdem dies gesagt ist, möchte ich doch versuchen, die herkömmlichen Spieltechniken kurz analysierend vorzustellen.

Die Marionette

oder Fadenpuppe kann durch ihre Bewegung die Illusion von authentischer Lebendigkeit geben. Unter „authentisch" verstehe ich „überzeugend", und als überzeugend sehe ich es an, wenn die Bewegungen den Naturgesetzen folgen. Diese Bewegungen bestehen, wenn man näher hinschaut, nur aus Beugungen und Drehungen . . . Bewegungen, die mehr zu sein scheinen als das, sind nur Kombinationen von Beugungen und Drehungen. Diese Bewegungen sind überwiegend langsam und weich. Zwischen der Hand des Spielers und der ausgeführten Bewegung gibt es Fäden. Daher kommt es, daß man der Marionette nachsagt, sie könne besonders gut poetische, traumhafte und seelische Zustände des Menschen darstellen. Als Zwanzigjähriger notierte ich die folgende Definition der Marionette: „*Die Marionette spricht uns zuerst an durch ihren Ausdruck, dann durch die Geste, danach durch die Musik und schließlich durch das Wort*". Dazu kann ich auch vierzig Jahre später noch stehen.

Die Handpuppe,

die über die Hand des Spielers gezogen ist, besitzt dieselbe kraftvolle muskuläre Energie wie der Mensch selbst. Sie kann deshalb ebenso kraftvolle Bewegungen ausführen wie dieser. So eignet sich die Handpuppe für schnelle, harte, komische, burleske Gestaltung, die ich mit Marionetten gar nicht erst versuchen würde.

Stabfiguren

haben die Eigenheit des Holzes, das sie trägt. Sie werden mit einem durchgehenden Stab geführt. Dadurch können diese Figuren keine Beugungen sondern nur Drehungen ausführen, was ihnen eine ganz eigene Steifheit verleiht. Das verhilft ihnen zu würdigen, hochmütigen oder noblen - wie auch immer wir es nennen wollen - Bewegungen.

Schatten

Eine vierte klassische Technik des Puppentheaters ist das zweidimensionale Schattenspiel. Seine flachen, schwarzen oder farbigen Figuren, mit oder ohne bewegliche Glieder, rufen das Ungreifbare, Traumhafte, auch Mystische hervor. In seinen unendlich reichen asiatischen Wurzeln ist das Schattenspiel künstlerischer Ausdruck für die Philosophie vom Menschen als Illusion.
Der Leser wird dem Schattenspiel in diesem Buch kaum begegnen. Es hat sich in den letzten Jahrzehnten durch hervorragende Künstler stark entwickelt. In meiner eigenen Arbeit hat mich mehr die plastische Form angezogen.

Viele *Kombinationsformen*, wo diese vier elementaren Techniken mit einander kombiniert werden, schlagen dementsprechend Brücken zu reicheren Ausdrucksmöglichkeiten. Das habe ich in „meinem" Repertoire weitgehend erprobt.

Es gibt zahlreiche Anleitungsbücher in allen Sprachen, aus denen man lernen kann, wie die Techniken funktionieren, wie jeder selbst Puppen bauen kann. In einigen gibt es auch zuverlässige Beschreibungen der hier genannten Kombinationsformen, einschließlich der Formen, die wir erst durch das Fernsehen kennen gelernt haben. Hier darf ich besonders auf zwei Bücher dieser Art wegen ihrer umfassenden Darstellung und Qualität hinweisen: „Anita Sinclair, The Puppetry Handbook", Richard Lee Publisher, Australien 1995 und „P. K. Steinmann, Theaterpuppen", erschienen bei Nold, Frankfurt a. M., 2. Aufl., 1993.

Ein Theaterstück enthält per Definition so viele Fragen, Konflikte, Gefühle, Gedanken und deren Veränderungen während seines Verlaufes, daß man eigentlich keine einzelne Spieltechnik vorherrschend und alleine anwenden kann, um diesem Register von Anforderungen entsprechen zu können. Als mir das klar war, erschien es ganz natürlich, in ein und demselben Stück verschiedene Puppentypen zu verwenden, je nach den Bedürfnissen, die Inhalt und Handlung erfordern.
Ich sehe es als meine wichtigste Aufgabe als Puppentheaterkünstler, dafür zu sorgen, das gewählte Thema so wirkungsvoll wie möglich herauszubringen. Das geschieht, indem die Wahl von Technik und Instrumentarium von den Abwägungen bestimmt wird, wie dem Inhalt künstlerisch am effektivsten gedient ist. Mit Effektivität meine ich höchstmögliche Qualität. So bietet das Puppentheater eine geradezu unverschämte *Freiheit*, die mich immer wieder neu begeistert. Alles ist möglich! Mit dieser Freiheit sind sogar Wege gangbar, gewisse Konventionen und Grenzen des Schauspielertheaters zu sprengen.

Gegen Konventionen jeder Art bin ich allergisch. Manche sehen in Konventionen das unausgesprochene Übereinkommen zwischen Bühne und Publikum - Konvention als Schlüssel zum Verständnis. Hier ist wohl eher die Gewohnheit gemeint, durch die Vertrauen geschaffen werden soll. Aber dadurch wird meiner Meinung nach nur der Konservatismus gefördert. Damit beraubt man das Theater seiner ganz fundamentalen Aufgabe, zu überraschen, dem Zuschauer etwas Neues zu erzählen oder etwas Bekanntes auf ganz neue Art und Weise zu zeigen. Nein! Es lebe die anarchistische Freiheit der Figur. Eine Rolle kann nach Bedarf groß oder klein, zwei- oder dreidimensional sein, sie kann sich völlig verändern in Gestalt, Form und Farbe, und vor allem kann sie *ganz und gar Rolle sein.*

Als vollständige Verkörperung von Gefühlen und Gedanken des Autors ist die Figur, mit Étienne Decroux' Worten, als „materialisierter Geist" vom Privaten, vom Zufälligen, Individualistischen befreit, also von den Eigenschaften, die beim Schauspieler gegebenenfalls Qualitäten sein können, bei der Figur aber schwächend wirken.

Decroux' Schüler, Marcel Marceau, sagt dazu passend in dem Vorwort zu Tankred Dorsts Buch: „Die Marionette ist lyrisch. Ihr sind langsame Bewegungen angemessen, sparsame Gesten, Gesten die etwas bedeuten. Meschkes Pantomimen kommen dieser Vorstellung vom Marionettentheater nahe: Die bildhafte Phantasie beherrscht das Spiel, sie belebt auch die Gegenstände. Ohne den Gegenstand kommt ja die Marionette nicht aus. Während der Mime Mensch und Gegenstand zugleich ist, Wind und Gehender, Bip und Schmetterling, Kind und Luftballon, und dieses Ineinander seine Poesie ausmacht, spielt der Marionettenkünstler auch mit den Dingen selbst, so als wären sie lebendig. Er benutzt sie als poetisches Instrument. Das Surreale ist eine große Möglichkeit dieses Spieles."

Als ich, noch ganz jung, mit Puppentheater begann, waren diese Gedanken keineswegs fertig formuliert. Sie kamen erst in späteren Jahren nach vielem Ausprobieren und Experimentieren. Aber im Unterbewußten gab es schon intuitive Einsichten, denn Puppentheater, das sich so definiert, war ein „gefundenes Fressen" für einen jungen Theatermacher, der ganz alleine alles auf die Beine stellen mußte - in einem Land wie Schweden - ohne Puppentheatertradition. Ich hatte einfach keine andere Wahl bei der Einführung einer dort neuen Theaterform. Ich mußte und konnte diese Freiheit voll ausnutzen. Das vollzog sich durch die fünfziger Jahre hindurch über die Gründung des MARIONETTEATERN (1958) und darüber hinaus. Freiwillig und gezwungen jagte ich der Vision des idealen Theaters nach. Zu meiner Freiheit gehörte auch, in aller Traditionslosigkeit frei von Vorurteilen des Publikums und der Kritiker zu sein. Ohne mich zu erklären oder entschuldigen müssen, konnte ich mich ins Abenteuer stürzen. Das Abenteuer hieß, voraussetzungslos die traditionellen Grenzen des Puppentheaters zu untersuchen und zu sprengen.

Daß diese meine Waghalsigkeit seinen Preis hatte, erfuhr ich auf internationaler Ebene. In den fünfziger und auch sechziger Jahren gab es noch sehr begrenzte Definitionen von dem, was „echtes Puppentheater" sein sollte. Man durfte buchstäblich nicht aus dem Rahmen fallen. Der Rahmen war die Miniaturbühne mit versteckten Spielern dahinter. Ich riß die Vorhänge runter und ließ die Spieler voll sichtbar agieren. Das Spiel auf offener, leerer, schwarzer Bühne begann.

Ende der fünfziger Jahren erreichte die Nachricht den Westen, es gäbe in Prag eine Theaterform, „schwarzes Theater" genannt, bei der Puppen ausschließlich seitwärts beleuchtet werden, so daß man die schwarzgekleideten Spieler hinter den Puppen nicht sieht. Das inspirierte mich zu einer Weiterentwicklung: Aufführungen mit fluoreszierenden Farben und mit ultraviolettem Licht. Auch in den fünfziger Jahren spielten wir viel mit Objekten. Gegenstände und Symbole waren Rollen, etwa so wie es in den achtziger Jahren verbreitet aufkam und weiterhin existiert.

Objekttheater

Ich hatte all das natürlich nicht erfunden. Auch was man sich selbst ausdenkt, ist schon dagewesen, meist außerhalb des Puppentheaters, auf anderen Gebieten, wie im Kabarett, im Avantgarde-Theater, bei Malern und Bildhauern, bei Künstlern am Bauhaus zum Beispiel.

Einen Puppenspieler muß ich in diesem Zusammenhang nennen, der ein Bahnbrecher, wenn auch im „kleinen Format", war und mir freundlich Impulse gab. Es war etwa 1949 in Paris: Géza Blattner. Ich glaube, er machte vor allen anderen Objekttheater und zwar poetisch!

Meine Akteure waren Hüte, Regenschirme, Schuhe, Häuser, Zeitungsblätter, Mülltonnen, wehende Stoffe, Fische aus Draht geflochten usw., aber keine kubistischen Formen oder nackte Hände à la Obraszow.

Lange hatte ich Edith Piaf verehrt, ihre Lieder geliebt. Einige davon wollte ich gestalten. Darüber gab es, wie im Falle von Chaplin, eine Auseinandersetzung, eine Entwicklung, die in mir stattfand. Sollte ich die kleine schwarzgekleidete Frau als Puppe auf die Bühne bringen? Ich hatte erschreckende Beispiele im Puppentheater gesehen, wo Charlie Chaplin als Puppe das Genie des Mannes nachzuahmen versuchte, wobei nur eine Karikatur

herauskam, das Ergreifende aber nicht. Hier war für mich eine Grenze: Das ergreifend Menschliche solcher Gestalten sollte nicht von imitierenden Puppen banalisiert werden. Piafs Lieder inspirierten dagegen zu Objekten. In dem Lied „C'est à Hambourg" singt sie von einer Hure und ihren Kunden. Dazu nahmen wir Schuhe, die allein die wechselnden Charaktere und den sozialen Status der Männer, die die Hure ansprachen, zeigten. Die Form der Schuhe und ihre Bewegung genügten.

Nun war Edith Piaf zum Gastspiel in Stockholm. Eine Verabredung, um ihr Einverständnis einzuholen, konnte arrangiert werden. Sie empfing mich und den Mitarbeiter Regazzoni, der die Schuhe machte, direkt nach dem Konzert. Erschöpft in einem Sofa versunken, von Schmerz und Müdigkeit benebelt, wie ein sterbender Mensch, hörte sie mich an. Dann kam ein schwaches Lächeln über ihr Gesicht: „Ah, les marionnettes? Oui, c'est beau les marionnettes . . . („Ach so mit Puppen? Ja, das ist schön . . . Puppen") Und da gingen wir schon überglücklich davon. Wenige Monate später starb sie.

Figuren aus von Monika Meschke zu „Frauen", 1984, vor dem MARIONETTEATERN

Unima

Die frühen „Revolutionen" des MARIONET-TEATERN erweckten Interesse unter europäischen Kollegen, die ich bewunderte, wie Harry Kramer, Yves Joly, Jan Wilkowski, John Wright. Solche Wertschätzung bedeutete ungeheuer viel für einen jungen Außenseiter. Aber es gab nicht nur Lob und Ehren. Manche Koryphäen des etablierten Puppentheaters hielten fest am Konservatismus. „Der Meschke ist doch kein richtiger Puppenspieler", hieß es, oder „Man mischt nicht verschiedene Spieltechniken" und „So was ist nicht Puppentheater sondern literarisches Theater". . .

In den fünfziger Jahren war es dem Mut Siegels zu verdanken, daß wir trotz unserer „unorthodoxen" Aufführungen Zutritt erhielten zum europäischen Puppentheater. Siegels Braunschweiger Festival versammelte erstmalig seit dem Zweiten Weltkrieg die neue Avantgarde. Viel später verstand ich, daß reaktionäre Haltungen oft auf eigene Probleme zurückgehen. Man klammert sich an das Vertraute, um nicht den Boden unter den Füßen zu verlieren.

Das größte Forum für internationale Begegnungen war die Unima, die „Union Internationale de la Marionnette", ein Zusammenschluß von Künstlern, der 1929 gegründet und nach dem Krieg wieder neu aufgebaut worden war.

Durch Siegel näherte ich mich vorsichtig der Unima, verfolgte ihre Entwicklungsphasen und Krisen, entdeckte, welch ein fabelhaftes Kontaktorgan sie war, wurde auch zu Gastspielen bei Unima-Veranstaltung eingeladen. In Prag 1969 erschütterte mich die „die andere Seite der Medaille", von „realpolitischer" Polarisierung gekennzeichnet. Demokratisierungsvorschläge wurden brutal niedergeschmettert - sie stammten von der tschechoslowakischen Statuten-Kommission - gerade ein Jahr, nach dem der „Prager Frühling" von den kommunistischen „Brudervölkern" abgewürgt worden war.

1972 wurde ich auf die Initiative von Margareta Niculescu in den Weltvorstand (Exekutivkommittee) gewählt. Danach fühlte ich, daß meine Arbeit voll anerkannt war. Man hörte auf mich. Ein Jahr später hatte der Vorstand in Stockholm Sitzung. Als Gastgeber schlug ich vor, die Unima sollte einmal schriftlich eine zeitgemäße Definition des Puppentheaters annehmen und dabei einige Grenzen erweitern. Eine Deklaration wurde angenommen und dann durch Henryk Jurkowski publiziert und weltweit verbreitet. Die Reaktionen waren positiv. Es schien, als öffnete die Deklaration Türen zu einer größeren Aufgeschlossenheit und neue, junge Leute kamen zur Unima. Nach vielen Jahren schaue ich den Text wieder mal an und frage mich, ob er noch Gültigkeit hat. Der Leser möge es selbst beurteilen:

„Es wäre schön, den Sinn des Puppentheaters in *all* seinen Variationen zu beachten, die bewußte Wahl von Wegen und Formen mehr zu fördern, um damit dem Puppentheater den Respekt und die Bedeutung zu geben, die es so lange erstrebt. Es gibt keine anderen Gründe als die, die wir selber schaffen, daß diese Kunst nicht als ein Medium für ernsthafte und reife theatrale Kommunikation anerkannt sein sollte, statt die süße Erinnerung an eine Gesellschaft von vor hundert Jahren zu sein, einer Gesellschaft, die Illusion, Eskapismus und das Akzeptieren der Welt, wie sie war, schätzte. Wir wollen deshalb feststellen:

Es ist kein Verbrechen
☆ Puppen gemischt mit Schauspielern zu verwenden,

☆ ganz große oder ganz kleine Puppen zu
verwenden,
☆ Puppen mit Masken, Tanz, Oper, Schauspiel,
Film, Music-Hall, Popmusik usw. zu mischen,
☆ flache oder körperliche Puppen zu machen
oder beide zusammen,
☆ verschiedene Puppentechniken in ein und
derselben Produktion zu verwenden,
☆ Puppen nur zum Zweck perspektivischer
Effekte zu verkleinern,
☆ den Punch, die Judy, den Kasper und den
Guignol oder sonstwen zu lieben,
☆ den Puppenspieler und seine Technik während
der Vorstellung zu zeigen - oder nicht zu zeigen!

Es ist kein Verbrechen
☆ wenn Du, der Künstler, daran glaubst, daß Du
in der Lage bist, etwas ganz Neues und Anderes zu
entdecken und zu zeigen!
☆ Was Du auch machst: wichtig ist *warum* Du es
machst und *was* Du sagen willst!

Der Unima-Vorstand beschließt: ·
„Daß die Unima im Rahmen ihrer Statuten eine
breite und voraussetzungslose *Öffnung* zeigt
gegenüber allem Schaffen im Puppentheaterbe-
reich, von älteren Konzepten und Konventionen
abgesehen, ·
☆ daß jede Form von theatralischer
Animation mit alten oder neuen Techniken als
dem Puppentheater zugehörig anerkannt wird,
☆ daß die Unima als eine nicht nur
konservative sondern eine weltweit fördernde
Organisation, eine besondere Verantwortung dem
Neuen gegenüber hat und infolgedessen
neuen Versuchen und Gruppen besonderes
Interesse widmen soll, ob sie Mitglieder sind oder
nicht und sie ermuntern, beizutreten, und
schließlich,

☆ daß die Mitglieder über all dies als Beispiel und
Inspiration benachrichtigt werden. Zu diesem
Zweck beabsichtigt der Vorstand, neue Versuche
von Gruppen oder Einzelnen durch den
Generalsekretär aufzuzeichnen und ruft alle
Mitglieder dazu auf, ihm Information auf diesem
Gebiet zu senden.
Die Erneuerung der Unima geschieht durch die
Erneuerung des Geistes ihrer Mitglieder.
Die Unima ist tot - es lebe die Unima".

Das Interessante an diesem Text als Zeitdokument
ist vielleicht, daß diese Dinge 1973 überhaupt
noch gesagt werden mußten.

Vierundzwanzig Jahre lang widmete ich der
Unima viel Enthusiasmus, Zeit und Loyalität,
wenn auch mein Idealismus in diesen Kreisen
manchmal größer war als mein Durchsetzungsver-
mögen. Zahlreiche Freundschaften entstanden, wie
die folgenden Beispiele zeigen, besonders in aus-
sereuropäischen Ländern, in Asien und Lateinamerika. (Nur Ariel Bufano sollte ich erst spät im
Leben kennen lernen, wobei jeder von uns beiden
an einem anderen Ende der Welt eine parallele
Laufbahn hatte, Brüder im Geiste waren und die
zwei größten Puppentheater-Institutionen im
westlichen Teil der Welt aufgebaut hatten).

Ganz besonders richtete sich mein Interesse auf
Asien - die „Gesichter" aus Burma lächelten mir
immer noch lockend zu. Vor allem war ich von
dem japanischen Bunrakutheater fasziniert. Mit
dreiundvierzig Jahren durfte ich meine erste Asien-
reise machen. Die Unima-Freunde öffneten mir
alle Türen, zuerst die Türen nach Indien: Meher
Contractor holte mich in ihre Heimatstadt
Ahmedabad, zur Darpana Akademie, wo sie lange
Jahre eine Puppentheaterabteilung leitete. Sie führte mich in die Traditionen der rajasthaner Mario-

nettenspieler ein und in das Schattenspiel von Andra Pradesh. Welche herrliche Herausforderung für einen spielkreuzfixierten Europäer, die Meisterschaft der Rajastaner zu erleben, wie sie ohne jegliches Kreuz ihre Marionetten direkt mit den Fingern tanzen ließen oder akrobatische Reiterkünste vorführten.

Nach jahrelang sich hinziehenden Plänen, in Indien ein Unima-Zentrum zu gründen, lud ich eines Tages die Puppenspieler einfach zu einem Gründungsfest in New Delhi ein. Unter ihnen war Dadi Pudumjee, einst mein Schüler in Schweden, heute ein international bekannter Puppenspieler.

Lebensentscheidend war die Begegnung und die spätere Freundschaft mit Frau Dr. Kapila Vatsyayan, der großen Gelehrten aller indischen Tanzformen und Mentorin des indischen Puppenspiels mit seinen vielen Formen und Traditionen. Dank ihrem großzügigen Enthusiasmus sollte ich oft nach Indien kommen, zum Unterrichten, zu landesweiten Gastspielreisen, zu internationalen Konferenzen und schließlich als Berater bei der Entstehung eines indischen Nationaltheaters für Puppenspiel am „Indira Gandhi National Centre for the Arts" - vor allem aber um selber dort zu lernen.
Bis heute beeindruckt mich die meist selbstlose asiatische Großzügigkeit im menschlichen Umgang, neben der ich als westlicher Gast mich immer beschämend egoistisch fühle (eine sehr lehr- und heilsame Empfindung).

Dann überwältigte mich Japan: Taiji Kawajiri ersparte sich keine Mühe, mir alles zu zeigen: Von seinem eigenen, westlich orientierten PUK-Theater in Tokyo, über die Kuruma-ningyo-Tradition der Familie Nishikawa, Vater und Sohn Ruyji, bis zum Bunrakutheater in Osaka. Hier muß ich zwei

andere Meister nennen: Die Marionettenspieler Minosuke und Senosuke Takeda. Ich meine, daß wir im Westen noch gar keinen Begriff davon haben, was vollkommene Marionettenführung heißt. Leider ist die Gelegenheit vorbei, von Minosuke Takeda zu lernen. Ursprünglich war er Ingenieur und mußte wegen eines Sportunfalles den Beruf wechselten. So wurde er zum vielleicht raffiniertesten Marionettenspieler dieses Jahrhunderts. Gerade hatte er mich, den wesentlich älteren, als seinen Schüler angenommen, starb er allzu lange vor seiner Zeit durch einen Verkehrsunfall in Tokio.

Die Begegnung mit dem Bunrakutheater hatte weite Folgen . . . Sie führte zur Freundschaft mit Minosuke Yoshida. Zunächst war er hervorragender Spezialist in der Gestaltung von Frauenrollen. Heute ist er mit dem höchsten Ehrenzeichen Japans ausgestattet, er ist ein „Lebendiger Nationalschatz". Yoshida nahm zum ersten Mal in der Geschichte eine Einladung an, die Bunraku-Technik außerhalb Japans zu unterrichten. Er kam auf meine Einladung nach Stockholm für die Antigone-Inszenierung!

Alle diese Erfahrungen führten dazu, in der Unima eine neue Kommission unter meiner Leitung zu schaffen die „bescheidenerweise", oder vielmehr typisch europäisch-ahnungslos, schlechthin die „Kommission für die Dritte Welt" genannt wurde. Meher Contractor, Taiji Kawajiri und Nancy L. Staub aus den Vereinigten Staaten waren ihre Mitglieder. Wir entdeckten bald, daß wir die Interessen des größten Teiles des Erdballs zu vertreten hatten. Nach einigen intensiven Arbeitsjahren führte unsere Einsicht dazu, die Kommission aufzulösen, um sie durch neue Kommissionen - eine für jeden Kontinent - zu ersetzen. Das war für mich eine Frage von Anstand im Hinblick auf die

reichen Traditionen der Welt. Aber die erwartete Weiterentwicklung und die Intensivierung der Arbeit für die Kontinente blieb aus und darum bereute ich es, nicht weitergemacht zu haben. Wie ich schon oft in der Unima festgestellt habe, funktioniert die Kommunikation manchmal besser durch europäische „Zwischenhände" als direkt innerhalb der betroffenen Länder.
Statt dessen folgten Gastspielreisen, Gastinszenierungen, pädagogische Tätigkeit in vielen Ländern. Immerhin gelang es mir, in sechs neuen Unima-Ländern Zentren ins Leben zu rufen, in Indien, Thailand, Mexico, Griechenland, Pakistan und auf Island.

Zu den wichtigsten Resultaten internationaler Zusammenarbeit in der Unima gehört meiner Meinung nach das Entstehen des Internationalen Puppentheaterinstituts in Charleville-Mézières und der darauf folgenden staatlichen Puppenspieler-schule unter Leitung von Jacques Félix und Margareta Niculescu. Als Mitbegründer (1981) und dann als Lehrer wurde mir Gelegenheit gegeben, alternative Unterrichtsformen zu praktizieren und manche dauerhafte Verbindungen aufzubauen.

An meinem Beispiel mag der Leser sehen, wieviel Gutes ein engagiertes Mitglied in der Unima erreichen kann. Aber wer eine Organisation liebt, ist auch verpflichtet Kritik und Selbstkritik zu üben.

Zum Unimakongreß 1996 in Budapest beschloß ich, nicht mehr für den Vorstand der Unima zur Verfügung zu stehen. All meine bisherigen Erfahrungen lehren mich, meine schöpferische Lust anders, mehr auf das Resultat gerichtet, zu orientieren. Wer aber, wie ich, viel investiert hat, kann sich auch erlauben, sich über die Unima einige Gedanken zu machen.

Sie ist eine Organisation mit großen potentiellen Möglichkeiten. Als älteste internationale Theaterorganisation ist sie einzigartig. Sie ist notwendig für die Puppenspieler der Welt und weiterhin noch stark entwickelbar. Dazu braucht es kraftvolle Aktionen von selbstlosen Idealisten. Nicht kreative, aufbauende Kritik sondern Unbeweglichkeit könnte diese Organisation bedrohen. Ohne einen Schatten auf die bisherigen Leistungen und Einsätze zu werfen, muß festgehalten werden, daß sehr viel mehr geschehen könnte durch die Veränderung der Voraussetzungen. Der Prozeß vertiefter Demokratie ist eingeleitet worden, aber er benötigt die ständige Aufmerksamkeit aller Mitglieder für seine Weiterentwicklung. Die Globalisierung der Unima braucht, um wirklich Substanz zu bekommen, tiefe Kenntnisse und Erkenntnisse, persönliches Engagement und das „Feuer des Herzens", nicht nur wohlwollendes, manchmal opportunes Interesse. Die Statuten bekennen sich zu einer gewissen Ethik. Man kann der Unima dienen oder sich ihrer bedienen. Ich tat beides und sah viele andere Beispiele beider Verhaltens-weisen. Die Unima ist „die Welt im Kleinen". Sie bietet dementsprechend das Beste und das Schlechteste menschlichen Verhaltens, ganz so wie im „normalen" Leben auch.

In jeder guten Organisation gibt es Debatten, kritische Stimmen, wobei die Unzufriedenen oft laut sind. So komisch es mit etwas Distanz aussehen mag, es gibt auch in Kreisen um das Puppenspiel Bestrebungen nach Macht, Monopolisierung, das Ausschließen anderer. (Schon in den fünfziger Jahren gab es Konflikte zwischen Orthodoxie und Offenheit - oder Fritz Wortelmann versus Harro Siegel, die damit endeten, daß mein Lehrer aus der Organisation austrat.) In den letzten Jahrzehnten, vor allem unter dem Generalsekretär Jacques Félix, dem unermüdlichen Förderer, ist die Unima schnell gewachsen. Damit wuchs auch Kritik der verschiedensten Art, die sich zugleich in Unzufriedenheit von seiten außereuropäischer Länder *und* von seiten saurer Europäer äußerte.

Ich sah - mit anderen - die Gefahr einer Zersplitterung aufkommen und bemühte mich, auf die Kritik zu hören. Der Trend der Zeit ging weg von früherer autoritärer Führung. Grundlegende Veränderungen schienen mir nötig. Die Zugehörigkeit zu der Statuten-Kommission bot ein natürliches Forum hierfür und kulminierte in den neuen Statuten, die der Kongreß 1992 annahm.

Dieser Einsatz kostete mich den Preis, nicht als Präsident der Unima gewählt zu werden, denn mein Engagement gefiel nicht allen. Das erschütterte mich, weil das Vertrauen und die Hoffnungen vieler Unima-Mitglieder mich ermuntert hatten, eine Menge Ideen, Projekte und die Bereitschaft zum totalen Arbeitseinsatz in die Waagschale zu werfen, besonders dafür, die Möglichkeiten der neuen Statuten gleich in die Praxis umzusetzen.

Eine Grundlage für die konstruktive Weiterentwicklung der Unima ist gelegt - wer sehen will, kann eintreten. Als ich den Kongreß 1992 zusammen mit Ariel Bufano - seltener Gast bei der Unima - verließ, wollten wir dem nächsten Kongreß 1996 vorschlagen, sich mit den weniger vorkommenden Fragen über Ethik und Kunst/Künstler zu beschäftigen: „Wer bin ich, wo gehen wir hin, wie steht der Puppenspieler zur Gesellschaft?"

Bufano starb 1992, aber das Thema wird durchgeführt. So schließt sich der Kreis meiner aktiven Unima-Arbeit, um mich auf das Wesentliche zu konzentrieren, nämlich das Schaffen und die Förderung des Zuwachses, und um dem MARIONETTEATERN Zukunft und Weiterentwicklung zu sichern. Denn die außerordentliche Geschichte dieser Institution geht weiter. Vielleicht sollte ich deshalb jetzt dem Leser etwas von der Struktur des Theaters berichten.

Struktur des MARIONETTEATERN

Eigentlich ist es ein Wunder, daß ein Puppentheater wie MARIONETTEATERN in einer für dieses Metier traditionslosen Kultur wie in Schweden und in einer sehr theaterdichten Hauptstadt wie Stockholm, Fuß fassen und sich bald vierzig Jahre behaupten konnte. Die offizielle Kulturpolitik wechselte durch die Jahrzehnte, Politiker kamen und gingen, die verschiedenen sozialen und ökonomischen Voraussetzungen waren mehr oder weniger förderlich. Doch das Publikum kam beständig und blieb uns in allen Zeiten treu. Dafür gibt es viele Gründe, ein wichtiger ist darin zu sehen, den Kindern Stockholms und ganz Schwedens eine Alternative zur kommerziellen Massenkultur anzubieten.

Als rechtliche Organisation hat das Theater verschiedene Phasen erlebt. Von der Gründung im Jahre 1958 bis 1963 erhielt ich als freier Künstler eine private Subvention von der Stadt Stockholm. Sie wurde aufgrund eines Vertrages von Jahr zu Jahr erneuert. Zu Beginn verpflichtete mich der Vertrag, mindestens 250 Vorstellungen mit 5 neuen Programmen jährlich zu garantieren!

Nach den Studien im Ausland hatte meine ungewöhnliche Tätigkeit ein paar Jahre lang in Stockholm Interesse geweckt. 1958 waren städtische Räumlichkeiten mit einer kleinen Bühne und zweihundert Plätzen frei. Der damalige Sozialdezernent Hjalmar Mehr, Kulturpolitiker von hervorragendem Maß, hatte auf einer Reise nach Sowjetrußland Sergej Obraszows Zentrales Puppentheater in Moskau gesehen und war von der Idee begeistert, Stockholm ein Puppentheater zu verschaffen. So begann eine lange, für die Entwicklung des Theaters entscheidende, persönliche Freundschaft.

Hjalmar Mehr beauftragte mich, ein Budget aufzustellen. Was würde es wohl die Stadt kosten, ein Jahr lang ein Puppentheater zu treiben? Ich setzte mich hin, um von meiner damaligen wirtschaftlichen und finanziellen Wirklichkeit aus - das heißt Hunger - zu rechnen. Ich kam zu dem Ergebnis, es würde wohl 35.000 Kronen kosten. Ängstlich zeigte mein Vorschlag für einen Jahresetat genau, was Nägel, Scharniere und Marionettenfaden kosten würden. Die Abteilung Gehälter sah ein Vorstellungshonorar von 10 Kronen (= 3 DM) pro Spieler vor. Die städtischen Beamten lachten mich aus. Nach einer Woche wurde ich erneut ins Rathaus gerufen. Die Finanzleute stellten mir 125.000 Kronen zur Verfügung, mit weniger könne die Stadt keine Verantwortung übernehmen. Ich akzeptierte großzügig (mit Marmelade in den Knien), aber als ich entdeckte daß das Budget auch für mich ein Monatsgehalt von 1.200 Kronen enthielt, fiel ich fast um.

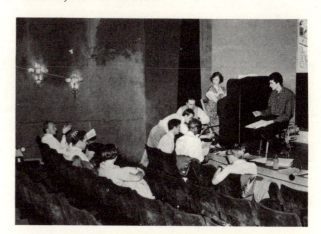

MARIONETTEATERN 1958, erste Proben für das Eröffnungsprogramm „Das Himmelsspiel"

So fing es an. Geld war da, ein Lokal war da, Programmideen ebenfalls, aber nun mußte ich schleunigst Mitarbeiter finden. Bald sammelten sich ungelernte Freunde, meine Schwester Monika, meine Frau, Neugierige, Schüler von Abendkur-

Figuren von Monika Meschke zu „Frauen", 198

sen, die ich, um zu überleben, abgehalten hatte, kurz ein Liebhaberensemble.

Aber ich brauchte irgend eine qualifizierte Kraft dazu, die ich nicht anlernen mußte. In einem zentralen Modehaus gab es immer phantasievolle, geradezu theaterhafte Auslagen. Ich ging mal rein und traf den Dekorateur, den Schweizer Gilbert Regazzoni, fragte ihn, ob er mitmachen wolle? Er sagte umgehend ja und brachte viel Talent und solidarische Arbeitslust und auch noch seine Assistentin mit. Beide sollten lange am MARIONETTEATERN bleiben, die Assistentin, Ing-Mari Tirén sollte eines Tages Mutter Ubu werden. Arbeitslust war sehr nötig, weil alle Mitarbeiter ihre Berufe hatten und deshalb die Herstellung von Puppen, Dekorationen, Bühneneinrichtungen und vor allem Proben nachts stattfinden mußten. Der Erfolg beim Start, in Verbindung mit der einsichtigen Haltung der Stadtväter, machte es doch bald möglich, die Gehälter soweit zu erhöhen, daß die Mitarbeiter ihre Berufe aufgeben konnten, um weiterhin nachts *und* tagsüber am MARIONETTEATERN zu arbeiten.

So verliefen die ersten fünf Jahre unter einem ungeheuren Druck, immer Neues bringen zu müssen und immer zu spielen, morgens für Kinder, abends für Erwachsene. 1963 meinten wir, bis an die Grenze erschöpft, wir hätten uns genügend bewährt, um bessere Bedingungen zu bekommen. Die Stadt gab uns nun den Status einer festen Bühne. Wir wurden dem Gesamtbetrieb der Städtischen Bühnen angeschlossen. Aber ich war von dem demokratisch gewählten Vorstand direkt angestellt und nur ihm gegenüber verantwortlich. Das funktionierte harmonisch unter mehreren Generalintendanten, bis meine Selbständigkeit, die ich wegen der Eigenart und Verletzlichkeit unseres Theaters immer verteidigte, einem neuen Generalintendant 1985 zu sehr ins Auge stach. Da gab es

eine Krise, die das MARIONETTEATERN beinahe zunichte gemacht hätte. Zusätzlich gab es noch Probleme mit dem Spielort. Wir zogen erst um in ein Provisorium, dann in ein neues, für uns ganz speziell gebautes Theater, wo wir wegen überhöhter Mieten aber auch bald raus mußten. Da kam unerwartet Hilfe. Wir fanden ein neues Lokal, treue Mitarbeiter blieben, neue drängten zur Ausbildung heran, und so erstand 1986 MARIONETTEATERN neu auf der Basis einer freien Stiftung.

In den vorhergehenden Jahren hatte sich auch der Staat langsam mehr und mehr beteiligt. Wir bekamen sowohl staatliche als auch städtischen Zuschüsse. Der gesamte Jahresumsatz (1995 etwa 4 Millionen Kronen) ist aus drei gleich großen Teilen zusammengesetzt, ein Drittel gibt der Staat, ein Drittel die Stadt und ein Drittel muß durch Kartenverkauf eingespielt werden.

Schon 1963 hatte ich erreicht, daß die angestellten Spieler gehaltsmäßig Schauspielern gleichgestellt wurden. Da spielte die berufliche Weiterbildung, die ich alleine betrieb, eine wichtige Rolle. Nach drei Jahren Unterricht und Praxis am Theater wurde man als professionell anerkannt und konnte die gewerkschaftlichen Vorteile der Schauspieler genießen. Das war ein großer Sieg, auf den ich stolz war. Weiter gab es von 1963 an den „Anstellungsschutz", das heißt, nicht mehr Jahresverträge sondern Dauerverträge. Die künstlerischen Nachteile von Lebensanstellungen sollten sich erst nach Jahren und nicht zu oft zeigen. Manche Mitarbeiter gingen von selbst, oft zu eigener Tätigkeit. So entstanden mehrere neue schwedische Puppentheater. Die Zahl der Ensemblemitglieder wechselte durch die Jahre, mal 10 mal 20, einschließlich Verwaltungspersonal von 3 - 5 Personen und Personal für das Museum, d. h. für die internationale Sammlung des Theaters, MARIONETTMUSEET. Das Museum nahm als integrierter Bestandteil unserer gesamten Tätigkeit immer mehr Form an - je mehr wir in der Welt herum reisten und wunderbare Geschenke und Schätze mit zurückbrachten.

1990 wurde das Museum vom EMYA (European Museum of the Year Award), der dem Europarat angeschlossen ist, für seine Originalität ausgezeichnet.

Die finanzielle Stagnation der achtziger Jahre wirkte sich stark auf das Leben des MARIONET-TEATERN aus. Sein Ensemble mußte auf drei, höchstens vier Spieler reduziert werden, während die Verwaltungskosten anstiegen. Die neuen Verhältnisse zwangen immer mehr zu kurzfristigen Engagements je Projekt. Das brachte natürlich Schwierigkeiten für die Kontinuität der Arbeit. Sie ist vollkommen von den Persönlichkeiten abhängig. Andererseits ist es nicht nur von Nachteil für die künstlerische Entwicklung, die sich immer mehr an „überdisziplinärer" Zusammenarbeit orientiert, also Künstler verschiedener Gattungen mit einbezieht.

Klar ist aber, daß eine Institution wie MARIO-NETTEATERN unbedingt einen inneren Kern von sehr qualifizierten Spezialisten haben muß. Diese Problematik hängt mit der Zukunft von MARIO-NETTEATERN zusammen. Seit vielen Jahren arbeitete ich für eine Verstaatlichung des Theaters. Es gibt keine Meinungsverschiedenheiten darüber, daß MARIONETTEATERN es verdient, eine nationale Bühne zu werden. Sie ist es ihrem Ruf nach schon seit langem. Aber Schweden hat nur drei Nationalbühnen, die Königliche Oper, das nationale Schauspielertheater „Dramaten" und das Tournéetheater Riksteatern. So ist es ein langer Weg, bis auch ein Puppentheater diesen Status erreicht. Unterdessen bin ich entschlossen, dem künstlerischen Schaffen vor der eigentlichen „Lobby-Arbeit" Priorität einzuräumen.

Wichtig scheint mir, an der uns eigenen Kulturpolitik festzuhalten, die wir trotz aller Schwierigkeiten seit 1958 verfolgen, nämlich sowohl für Kinder als auch für Erwachsene zu spielen. Das ist eine große Verantwortung. Unsere Zuschauer in Schweden zählen heute schon in Generationen. Jahrzehnte hindurch und fast täglich, außer im Sommer, war MARIONETTEATERN ein Platz, den die Kinder Stockholms mindestens ein Mal im Jahr besuchten. Heute bringen diese inzwischen erwachsen gewordenen Kinder *ihre* Kinder zu uns. Und für die ist es immer noch ein Erlebnis - auch bei der wachsender Konkurrenz durch andere Bühnen. 1995 zählt die Hauptstadt mit einer Million Einwohner nicht weniger als vier feste Puppentheater.

Neben unserer regulären Tätigkeit in Stockholm vertritt MARIONETTEATERN - mehr als jedes andere schwedische Theater - das Land als kultureller Botschafter im Ausland. Ich bin nicht sehr für statistische Prahlerei, aber es genügt sicher, zu sagen, daß sowohl die Zuschauerzahl, die Reisekilometer und Reisekosten - vielleicht auch die Applaus-Spenden - in Millionen jeder Währung gezählt werden könnten.

Das MARIONETTEATERN im Kungstradgården, 1984

Grenzüberschreitungen
innerhalb gemischter Spieltechniken

Um Europa zu entdecken, mußte ich in jungen Jahren viele Ländergrenzen überschreiten. Viele der Hauptpersonen meiner Inszenierungen haben gemeinsam, daß sie auch verschiedene Grenzen überschreiten: Odysseus, Dante, Faust, Don Quichotte, Christoph Kolumbus. Wer an langen Sandstränden, am Meeresufer entlang gewandert ist, weiß, wie verlockend das ist, bei jeder Biegung des Ufers noch etwas weiter zu gehen, um zu sehen, was noch kommt . . . Ich konnte nie umkehren. Eine ähnliche Entdeckerwanderung habe ich mit den Spieltechniken des Puppentheaters gemacht. In einer Reihe von Stücken mischte ich Puppenformen und andere Disziplinen miteinander, suchte Brücken zu schlagen zwischen den Gattungen. Der Grund dazu war jeweils ein anderer, das Ziel war immer das gleiche: den Inhalt und seine Ausdrucksmittel möglichst in Harmonie miteinander zu bringen. Manchmal stellte sich die Wahl verschiedener Mittel spontan, schon beim ersten Lesen eines Stückes ein, andere Leseeindrücke boten Anlaß zu Zweifeln, zu Versuchen, zur Veränderung ursprünglich gefaßter Ideen. Im Laufe der Probenarbeit konnte es sich ergeben, daß z. B. eine vorgesehene Marionette in eine Stabfigur umgebaut werden mußte. In solchen Situationen bleibt die Werkstatt des MARIONET-TEATERN ein Inferno intensiver Änderungsarbeiten bis hin zur Premiere. Die „größten" Stücke mit gemischten Spielformen sind König Ubu, Undine, Joaquin Murieta, Ramayana, Don Quichotte und Christoph Kolumbus. Im Folgenden möchte ich einige Vorgehensweisen bei diesen Inszenierungen beleuchten.

König Ubu 1964

Mehrmals war mir von Freunden empfohlen worden, Alfred Jarrys „König Ubu" aufzuführen, immer wehrte ich mich dagegen. Es schien mir unmöglich, dieses Stück zu fassen, zu erfassen. Aufführungen, die ich sah, bestätigten den Eindruck. Auch Schauspielerfreunde meinten, es sei „tolles Theater", aber nicht aufführbar. Sie kämen mit dem Text nicht zurecht. Das ärgerte mich um so mehr, da ich doch wußte, daß Jarry das Stück für Marionetten geschrieben und es in dieser Form als sechzehnjähriger auch aufgeführt hatte.

Die Geschichte

Ubu ist ein plumper, feiger Pariser Spießbürger. Er läßt sich von seiner ehrgeizigen Frau überreden, nach Polen zu fahren, um dort den König zu töten und ein reicher Herrscher zu werden. Mit seinen Kumpanen gelingt ihm das, aber er betrügt nach allen Seiten. Er tötet Richter, Angehörige des Adels, Geschäftsleute. Nur der polnische Königssohn entflieht und sucht sich dann zu rächen. Einer von Ubus Kumpanen reitet nach Moskau und bietet dort dem russischen Zaren an, Ubu zu besiegen. Die polnische Armee zieht unter Ubu in den Krieg gegen den Zaren. Inzwischen raubt Mutter Ubu alle Schätze Polens. Der rachsüchtige polnische Königssohn und der Zar erwischen und besiegen Ubu, der unter entsetzlichen Entbehrungen fliehen muß. Er trifft seine betrügerische Frau und will sie zerreißen. Als die Verfolger das Paar einholen, retten sich Vater und Mutter Ubu auf ein Schiff und fahren schnellstens nach Frankreich zurück. Dort will Ubu sich zum Finanzchef von Paris machen . . .

König Ubu", 1964, Szene: Die Verschwörung

Eines Tages im Jahre 1964 legte mir ein Mitarbeiter eine englische Buchausgabe (UBU ROI, Drama in 5 Acts by Alfred Jarry, Gaberbocchus Press Ltd., London, 1951) von König Ubu auf den Tisch. Das war wirklich ein originelles Buch, von einer gewissen Franciszka Themerson gestaltet. Der Text war handgeschrieben und zwar *über* Zeichnungen hinweg - lauter wilde, karikaturhaften Gestalten aller Größen, die förmlich aus den Buchseiten herausspringen wollten. Diese zweidimensionalen Visionen schienen schon theaterhaften Charakter zu haben. Auch Relationen und Spannungen zwischen den Rollen des Stückes wurden auf dem Papier sichtbar. Ich wollte sofort

Portrait: Alfred Jarry

eine Schere nehmen und ein fertiges Theaterstück aus den Buchseiten herausschneiden, denn jetzt schien mir auch der Text, dank der Bildgestaltung von Franciszka Themerson, plötzlich spielbar.

Dieses Erlebnis ist mein bestes Beispiel dafür, wie eine Inspiration vom Bilde her ein ganzes Theaterkonzept initiieren kann. Das ist mir später häufig passiert, besonders bei Werken der Malerei und der Graphik. Die Welt der Bilder war immer eine der wichtigsten ästhetischen Inspirationsquellen.

Dabei diente die Inspiration vom Bild her nur dem dramatischen Inhalt, das heißt der Botschaft des Autors. So gerät das Bild nicht in Konflikt mit ganz anderen Erwägungen, die ich später im Abschnitt „Szenographie" weiter erläutern werde.

Nun, die Schere reichte doch nicht alleine aus, um die Premiere von „König Ubu" vorzubereiten. Zuerst mußte ich die Erlaubnis einholen, die Zeichnungen zu kopieren. Franciszka Themerson und ihr Gatte, der Dichter Stefan Themerson, waren ein Geschenk in meinem Leben. Die beiden lebten in London, waren aber polnisch-jüdische Emigranten aus Warschau. Sie gehörten als ständige Experimentatoren einst der künstlerischen Avantgarde Polens an. Trotz hohem Alter und Armut fand ich in Franciszka eine „junge und reiche" Mitarbeiterin. Sie war von dem Projekt begeistert und bereit, persönlich nach Stockholm zu kommen, um an der Gestaltung von Figuren und Dekorationen mitzuarbeiten. Ich kenne nur eine ähnliche Zusammenarbeit dieses Niveaus im modernen Puppentheater, nämlich die von Joan Miró mit Joan Baixas, Barcelona - auch in diesem Fall für eine Ubu-Inszenierung.

Franciszka kam nach Stockholm. In unserer Werkstatt kochte es nur so von Ideen, Vitalität und Humor - eine groteske Figur nach der anderen landete auf der Bühne, wo sie gleich erprobt wurden. Die erste Fassung hatte zum Ziel, ein konsequent zweidimensionales Theater zu erschaffen. Die Rollen sollten buchstäblich flach ausgeschnitten und vergrößert wirken. Ihre Gelenke würden dementsprechend nur seitliche Bewegungen erlauben. Das allein reichte aber nicht aus, um den vielfältigen Anforderungen von Ausdruck gerecht zu werden. Hauptproblem war Ubu selbst. Die Problematik der Dramaturgie, an der so viele Interpreten gescheitert waren, besteht darin, daß Ubu zugleich ein schrecklicher Tyrann und ein Clown voller Idiotie und menschlicher Schwächen sein soll. Das macht ihn sehr komisch, und seine Komik tendiert dahin, seine Grausamkeit weniger glaubhaft zu machen. Ist doch dieses Stück das bahnbrechend erste Beispiel des Theaters der Grausamkeit, wie es Antonin Artaud wenige Jahre nach Jarry entwickeln sollte.

Ubu mußte also furchtbar brutal und grausam sein können - zu schwierig für einen flachen Hampelmann!
Wir lösten das Problem auf zwei Wegen: Erstens sollte er nicht von einer Puppe, sondern von einem lebenden Schauspieler in grotesker Maske gespielt werden. Zweitens sollten Proportionsunterschiede die Machtverhältnisse abbilden: Ubu ganz groß, seine Umgebung kleiner oder platt. Dann kam noch hinzu, daß gewisse Rollen - je nach ihrer Dominanz - in verschiedenen Szenen auch ihr Format wechselten. Mal sollten sie klein, mal groß sein. Unsere Vorstellung von Ubu paßte auf Schwedens größten Schauspieler, Allan Edwall. Wir hatten schon lange eine Zusammenarbeit besprochen. Er akzeptierte, ohne zu ahnen, worauf er sich da einließ. Bald stand er von Puppen aller Art umgeben auf der Bühne, weiß geschminkt, in einem birnenförmigen Schaumgummikostüm, das ihn noch größer machte. Mit Hilfe einer genialen

Alfred Jarrys eigene Titelseite für „Ubu Roi"

Interpretation bekam er die erwünschte ungeheure Autorität. Nur war seine Aufgabe physisch derartig anstrengend, daß ich nach ihm selbst in die Rolle des Ubu einsteigen mußte, um der Inszenierung eine lange Lebensdauer zu bereiten. Edwall sprach selbst, aber die Stimmen der anderen Figuren kamen vom Tonband. Als ich die Rolle übernahm, mußten wir auch seine Stimme aufnehmen, sonst hätten wir seine verbale Interpretation verloren. Ich lernte dann die Lippenbewegungen, um mit seiner Stimme „play-back" zu spielen.

Hier ist zu bemerken, daß die besten Schauspieler Schwedens mit kongenialer verbaler Interpretation

MÈRE UBU (GOING OVER)

I can't see anything.

(IN THE MEANTIME PÈRE UBU PINCHES A FILLET OF VEAL)

MÈRE UBU *Ah! here comes Captain Bordure with his partisans. But what are you eating, Père Ubu?*

PÈRE UBU *Nothing, a bit of veal.*

MÈRE UBU *Oh the veal, the veal, vile creature! He's eaten the veal! Help!*

PÈRE UBU *By my green candle, I'll tear your eyes out.*

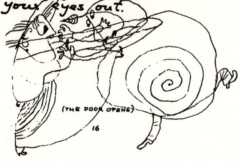

(THE DOOR OPENS)

16

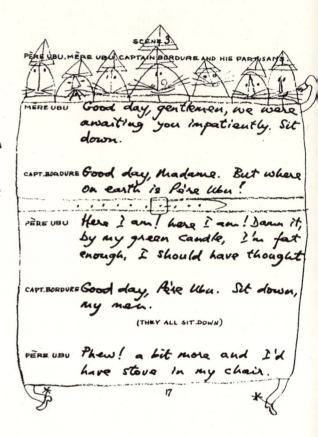

SCENE 3.

PÈRE UBU, MÈRE UBU, CAPTAIN BORDURE AND HIS PARTISANS

MÈRE UBU *Good day, gentlemen, we were awaiting you impatiently. Sit down.*

CAPT. BORDURE *Good day, Madame. But where on earth is Père Ubu!*

PÈRE UBU *Here I am! here I am! Damn it, by my green candle, I'm fat enough, I should have thought*

CAPT. BORDURE *Good day, Père Ubu. Sit down, my men.*

(THEY ALL SIT DOWN)

PÈRE UBU *Phew! a bit more and I'd have stove in my chair.*

17

Aus dem Buch „Ubu Roi" von Alfred Jarry mit Zeichnungen von Franciszka Themerse

Oh! Ow! Help! By my green candle, I've ruptured my intestine and busted my dungzine.

THE KING (PICKING HIM UP) Père Ubu, hast hurt thyself?

PÈRE UBU Yes indeed I have, and I shall certainly pass away. What will happen to Mère Ubu?

THE KING We shall provide for her

PÈRE UBU Your kindness knows no bounds. (HE GOES OUT) Yes but, King Venceslas, you won't be any the less slaughtered, you know.

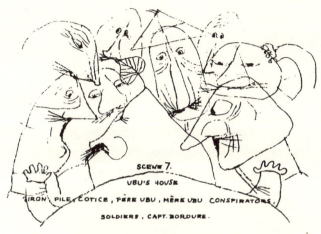

SCENE 7.
UBU'S HOUSE
GIRON, PILE, COTICE, PÈRE UBU, MÈRE UBU, CONSPIRATORS.
SOLDIERS, CAPT. BORDURE.

PÈRE UBU Well, my good friends, it's high time to decide on our plans for the conspiracy. Let's hear everybody's views. First of all I'll tell you mine, if you'll allow me.

CAPT. BORDURE Go ahead, Père Ubu.

zur Qualität der Aufführung beitrugen. Auf sie zu verzichten, um statt des Tonbandes die Stimmen der Puppenspieler zu nehmen, war aus Qualitätsgründen nicht denkbar.

In dieser so entwickelten Form war Ubu weder Puppe noch Schauspieler, sondern die Synthese von beiden. Nun zu Mutter Ubu, seiner Frau. Sie ist der eigentliche Motor aller bösen Aktionen ihres Mannes. Auch sie konnte nicht einfach zweidimensional bleiben. Andererseits wollte ich sie unbedingt als Puppe behalten, um nicht in einen Prozeß zu geraten, durch den wir stückweise dem Schauspielertheater immer näher gekommen wären, als würden wir den Puppen nicht genug Stärke zuerkennen. So entstand Mutter Ubu als große Puppe mit hervortretenden, harten Brüsten (welche Brüste!) aus Papiermaché. In dieser Rüstung, die die Bewegungsmöglichkeiten stark beeinflußte, steckte die Spielerin Ing-Mari Tirén. Keine Schauspielerin hätte sich wie sie in dieser kompakten Form so lebhaft bewegen können.

Zwischen Vater und Mutter Ubu tobt der eheliche Machtkampf. Bei Gelegenheit schimpft die Frau den Gatten wegen seiner Feigheit aus. Da zuckt Ubu zusammen wie ein aufblasbarer Ballon, dem plötzlich die Luft ausgeht. Das große Kostüm verdeckte, daß der Schauspieler seine Knie beugte. Sein Zusammenzucken wirkte unerklärlich komisch, der große Kerl reichte Mutter Ubu plötzlich nur bis zum Bauch.
Später im Stück will Vater Ubu die Frau umbringen. Da erscheint sie als winzig kleine Stabfigur zu seinen Füßen. Von unter der Bühne her kommend ist sie eine zwanzig Zentimeter hohe Frau, mit dünnen Stäbchen geführt. Wenn Ubu sie hochhebt, verschwinden die Stäbchen diskret nach unten. Ubu nimmt sich nun die Freiheit, seine Dame nach Herzen zu zerschmettern und massakrieren. Er

reißt ihr den Rock ab, während sie wild protestiert und schreit. Der Schauspieler hielt die Puppe in der Hand und bewegt ihren weichen Körper weiter mit seinen Fingern. Ohne Rücksicht auf die wechselnde Spieltechniken bleibt hier die Frau lebendig. Dann zerreißt Ubu seiner Frau die Schenkel, knickt ihren Kopf ab, drückt ihr Gehirn heraus und hätte sie gar verschlungen, wenn die Handlung es nicht anders gewollt hätte. Diese Brutalität wirkte nicht komisch sondern extrem. Sie konnte nur mit den Mitteln des Puppentheaters gestaltet werden.

Polen gegen Rußland, David gegen Goliath. Jarry hat ausdrücklich gesagt, daß die Handlung sich „in Polen - das heißt nirgends" abspielt. Polen war damals tatsächlich von der Karte gestrichen, existierte nicht mehr als selbständiges Land. Ich glaube, daß dieses Verhältnis den sechzehnjährigen Schuljungen Jarry aufgeregt hatte und daß er mit seiner Erklärung sagen wollte, daß ein Stück wie König Ubu sich sowohl nirgends wie überall abspielen könne. Um diese politische Situation zu beleuchten, machten wir eine polnische Armee aus blödsinnig kleinen Spielzeugfiguren, die am Bindfaden über die Bühne gezogen wurden. Die russische Armee hingegen bestand aus zwei vier Meter hohen Scheiben auf Rädern. Die Scheiben hatten auf der Vorderseite tausend bewegliche Soldatenhampelmänner aller Größen.

So ging es weiter das Stück hindurch. Wo die flaschenähnliche Königin Polens dem Massaker Ubus entflieht, ist sie eine drei Meter hohe Flaschenform aus Papiermaché, von einer Spielerin getragen. In den Bergen angekommen, soll die arme Königin sterben. Da ist sie eine Handpuppe. Der Spieler braucht nur seine Hand nach vorne fallen zu lassen, und der tragische Tod der Königin ist besiegelt. Dann erscheinen aufgeregte Ahnen des ermordeten polnischen Königs. Das wird durch

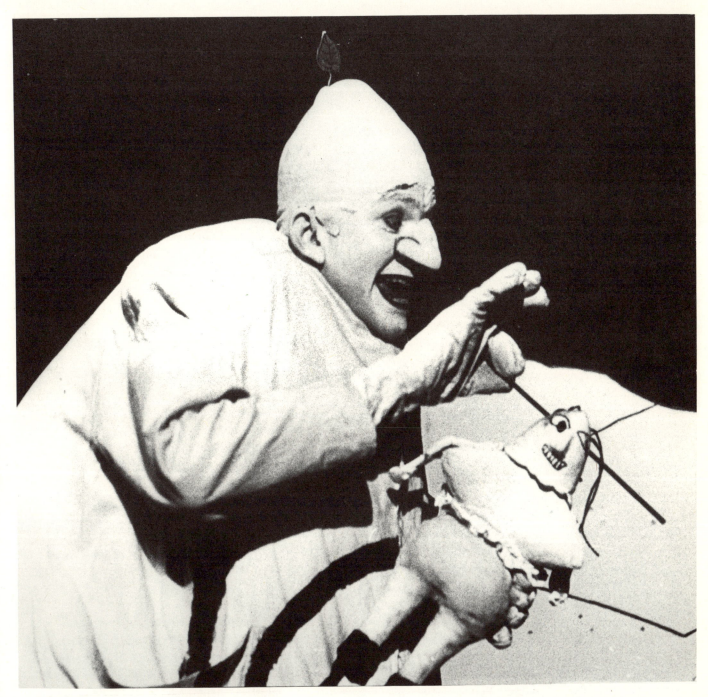

„König Ubu", 1964, Szene: Vater und Mutter Ubu

eine Faust mit Klappmaul als Schattentheater riesengroß auf dem Hintergrund projiziert.

Wie ist der Erfolg des Stückes zu erklären? Ich glaube, es ging um ein ganz seltenes Zusammentreffen vieler glücklicher Faktoren. Vor allem war es ein Zusammentreffen von guten, gleichgesinnten Kräften und Persönlichkeiten, den Komponisten Krzyzstof Penderecki nicht zu vergessen. Er schrieb die Originalmusik. Eine Kakophonie von verschiedenen Dimensionen und unwahrscheinlichen Formen, ein heftiger Rhythmus, vor allem ein Inhalt voll mit absurdem Humor, trugen zum Erfolg dieser Inszenierung in aller Welt, sogar noch 24 Jahre nach ihrer Geburt, 1988 in Tokio, bei. Die schwedische Sprache war nie ein Problem. So wie die Vorstellung im wörtlichen Sinne *visuell*, so waren Stimmen und Klänge in eine universelle Sprache gehalten, deren Sinn jeder verstand. Nicht umsonst kamen die Schauspieler, Margareta Krook, Ulla Sjöblom, Ingvar Kjellson, Birgitta Vahlberg u. a. vom „Dramaten", der Arbeitsstätte Ingmar Bergmans.

Als Bergman übrigens 1964 von meinen Inszenierungsplänen hörte, schlug er sofort vor, die Aufführung im „Dramaten" zu bringen, wo er damals Generalintendant war. Da aber eine andere Bühne mit einer Ubu-Version vor uns fertig wurde, nahm er sein Angebot zurück! Statt dessen eroberte König Ubu, und wir mit ihm, Europa. Wir wurden zum Beispiel von Margareta Niculescu nach Bukarest eingeladen, als sie damals noch Leiterin des Theaters „Tandarika" war. Es gab ein internationales Festival mit Preisen. Uns wurde der „Preis für künstlerische Neuerung" zugesprochen.

Allerdings ging das nicht ohne Proteste von Sergej Obraszow vom Zentralen Puppentheater in Moskau. Das war ihm *zu* neu. Er konnte nicht wissen, daß sein Theater einst meinen Förderer Mehr inspirierte und für ihn den Anstoß gab, das MARIONETTEATERN zu ermöglichen. Erst langsam änderte Obratzow seine Meinung über meine Arbeit. 1987 hatte ich es seiner Empfehlung zu verdanken, daß ich zusammen mit Peter Schuman als Künstler des Puppentheaters und mit dem UNIMA-Präsident Jurkowski eingeladen wurde, als Gorbatchow herausragende Vertreter aller Kulturgebiete, aus Kirchen, Politik und Wissenschaft zum großen Glasnost-Symposium nach Moskau einlud. Nicht jeden Tag sitzt ein Puppenspieler zusammen mit Günter Wallraff auf der einen, Marcello Mastroiani auf der anderen Seite, Norman Mailer und dem befreiten Sacharov beim Bankett unter den goldenen Kuppeln im Kreml.

„König Ubu" bedeutete immer mehr Einladungen, im Ausland zu spielen. Wir durften eine neue Grenze über-schreiten: internationale Tourneen der Puppenthea-ter waren bisher von Puppenspielfreunden für Puppenspielkreise organisiert worden, während die Türen der bedeutenden allgemeinen Kulturfestivals Europas für Puppentheater - von wenigen Ausnahmen abgesehen - verschlossen waren. Wir durchbrachen diese Barriere. Ubu „besiegte" das Edinburgh-Festival, das Holland-Festival und die „großen" Bühnen wie das Piccolo Teatro in Mailand. Das bedeutete eine neue Anerkennung des „großen" Publikums für die Gattung Puppenspiel.

Durch die Tourneen sahen auch viele andere Künstler die Vorstellung. Das gab „Ubu-Nachfolger": Nach Tourneen sahen wir Dokumente, die zeigten, daß der Ubu-Samen aufgegangen war. Wir waren belustigt - naja, nicht immer -, denn die Epigonen waren nicht immer schmeichelhaft für das

„König Ubu", 1964, Szene: Eintreiben der Steuern

Original. Aber die Inszenierung hatte Wege gezeigt, das Puppentheater zu erneuern. Eine neue Zeit begann.

Exkurs: Konstellationen

Keine Konstellation ist von Dauer. Im Theaterleben gibt es dauernd neue Konstellationen. Sie sind wohl die Voraussetzungen für gelungene Resultate in einem so „kollektiven" Beruf wie es das Theater darstellt. Gute Konstellationen erfordern Begabung, gemeinsame Leidenschaftlichkeit und daß die „Chemie" zwischen den Menschen stimmt. Wo das nicht der Fall ist, bleibt alles an der Oberfläche, reiner Formalismus. In ganz seltenen Fällen kommt es zu außergewöhnlichen Konstellationen, wie zum Beispiel bei „König Ubu" und damit zu der Verbindung Franciszka Themerson - Krzysztof Penderecki - Allan Edwall - Michael Meschke. Dabei können reine Zufälligkeiten entscheidend sein. Was wäre zum Beispiel geschehen, wenn es nicht an einem gewissen Tag 1963 in Krakau geregnet hätte? Ich verließ eine Theatervorstellung („Die Stühle" von Ionesco), war aber im warmen Sommer nicht für den furchtbaren Regen gerüstet, der mich an der Tür überraschte. Ich konnte nicht weiter. Als alle Zuschauer das Theater verlassen hatten, stand noch ein junger Herr mit Regenschirm neben mir. Ob er seinen Schirm mit mir teilen durfte? Eng nebeneinander gehend machten wir uns auf zu einem Spaziergang Richtung Hotel, der aber erst Stunden, nachdem der Regen längst aufgehört hatte, mich dort hin führte. Wir gerieten nämlich in ein tiefes Gespräch über die Vorstellung und über das Theaterschaffen überhaupt. Mein Begleiter sprach viel von Musik. Als der längst vergessene Regenschirm schließlich am Hotel zusammengeklappt wurde, fiel uns ein, es wäre Zeit, einander vorzustellen. Der Name meines Begleiters war

Penderecki. Sechs Monate nach diesem Spaziergang schickte er mir seine geniale Musik für die Ubu-Inszenierung nach Stockholm!

Ich glaube, daß jeder Theaterkünstler, auch die größten, der oft solchen Konstellationen angehört, sich immer an eine ganz besondere erinnert, die mehr bedeutete als jede andere Erfahrung. So ging es mir bei König Ubu, so ging es Jean Vilar, als er in Avignon den „Prinz von Homburg" gestaltete.

Königin aus „Undine", 1968

sche Seidenstoffe für die Kostüme, voluminöse Körper, alles vollplastisch. Undine dagegen in einem ganz schlichten dünnen, grünblauen Kleid wie das Wasser, aus dem sie kommt.

Die Puppenspieler näherten sich hier den Schauspielern an. Sie sprachen selber und drückten mit übertriebener Bewegung und Gestik Giraudoux's Absicht aus. Doch es entstand keineswegs Schauspiel im gewöhnlichen Sinne. Nur Künstler, die vom Puppenspiel her kamen, konnten meine Bewegungsabsichten recht deuten. Zu dieser Zeit hatte ich ein Ensemble, mit dem intensiv Unter-

Undine 1968

Gemischte Spielformen kamen auch in „Undine" von Jean Giraudoux vor. Aber die Gründe hierzu waren andere. Wie bei „Ubu" gab ein Maler die entscheidende Inspiration für die ästhetische Gestaltung: Aubrey Beardsley, der große Vertreter des englischen Jugendstiles. Wie schon erwähnt, geht es in diesem Stück um die Konfrontation zwischen Natur und Verkünstelung. Das Naturwesen Undine versus Ritter Hans aus einer dekadenten höfischen Welt. Konfliktgeladene Liebe entsteht. Außerdem sah ich in dem Stück auch die ewige Kollision zwischen Nord und Süd beschrieben - auch der Konflikt zwischen Phantasie und Sturheit, Chaos und Ordnung. Undine ist die Vertreterin des Natürlichen - eine Rolle für eine höchst lebendige Schauspielerin. Ihren Gegenpol fand ich in der Malerei Beardsleys. Nicht wegen seiner „Dekadenz" - über die man diskutieren kann - sondern weil Beardsley mit genialen Linien, starker Sensualität und Phantasie gerade *die* Gestalten zeigte, die im Stück vorkommen oder vielmehr, für die Rollen paßten. Die verkünstelte Welt des Hofes erforderte prunkenden Reichtum an Formen und Farben, prangenden Schmuck, üppige Dekorationen, indi-

Graphik von Aubrey Beardsley als Anregung für die Königin in „Undine", 1968

richt in Mimenkunst, wie ich sie bei Decroux gelernt hatte, betrieben wurde. Der menschliche Körper wurde Ausgangspunkt für Veränderungen in Richtung Puppe. Undine bewegte sich weich und geschmeidig wie das Seegras, das auf dem Meeresboden den Strömungen des Wassers folgt. Ihr Körper schien fortdauernd von Wasser durchflutet zu sein. Ganz anders die Höfischen. Ein Fürst, nur ein halber Meter groß, wurde von einem Spieler gespielt, der auf den Knien ging, die Schuhe des Fürsten an seinen Knien festgemacht. Neben ihm eine Fürstin auf Stelzen, drei Meter hoch. Sie sollten einander die Hände halten - man kann sich vorstellen, wie schwierig das war. Fötusähnliche Hofzwerge, hier als Puppen, wurden von hinten, durch schwarzgekleidete Spieler bewegt. Die Technik war vom japanischen Bunraku-Theater inspiriert. Manche Figuren schwebten über den Boden, ohne ihn zu berühren - sogar die Schauspieler schwebten. Wir konstruierten unsichtbare, kleine Wagen, auf denen sie horizontal lagen. Schleier und durchsichtige, nur teilweise bemalte Vorhänge trugen dazu bei, eine so besondere Atmosphäre zu schaffen, daß man nicht wußte, was wirklich war oder nur Schein. Rein technisch untersuchten wir hier die ganze Skala zwischen Mensch und Figur und machten die Erfahrung, daß das Mimen-Studium wirklich neue Dimensionen für das Puppentheater abgeben kann. Ohne diese Kenntnisse wäre es nicht möglich gewesen, die Zuschauer auf eine abenteuerliche Entdeckungsreise zu locken, bei der gewohnte Vorstellungen von Proportionen und Dimensionen auf den Kopf gestellt werden. Auf diese Weise lassen sich Überraschungen erzielen. Durch Überraschung wird Neugier geweckt. Das Publikum wird verführt, beim Ungewöhnlichen mitzumachen.

Aus „Undine", 1968, Fischer, Maske: Arne Högsander

zene aus „Joaquin Murieta", 1973

Joaquin Murieta 1973

Pablo Nerudas Theaterstück, das von dem Freiheitskämpfer Joaquin Murieta handelt, ist ein Lobgesang an Chile, sein Volk und seine Natur. 1973 bekam das Stück eine dunkle Aktualität. Der demokratische Präsident Chiles, Salvador Allende, wurde ermordet. Faschisten griffen die Macht. Dem Gitarristen und Sänger Victor Jara wurden die Finger abgehackt, bevor er getötet wurde. Künstler aller Gattungen flohen, viele nach Schweden. Unsere Abscheu war würgend. Irgendwie mußte man als Künstler und Mensch reagieren: Nerudas Stück sollte ein Trauerspiel werden. Wir wollten sofort reagieren. Die Herstellung von möglicherweise komplizierten Theaterfiguren dauerte uns zu lange. Aus diesem Grund schuf ich Figuren, die die Statik von Skulpturen hatten, ohne Gelenke, blockhaft, der Erde zustrebend, von massivem Aussehen, aber aus leichtem Material gebaut. Die Formate wechselten zwischen Menschengröße und 20 Zentimetern. Alles war in die Farbtöne schwarz-braun-weiß getaucht. Solche Figuren mußten würdig getragen oder hin und her gestellt werden. Die Bildinspiration war diesmal Goyas Gemälde „3. Mai 1808", das eine Hinrichtung darstellt. Es schien Stimmung und Inhalt von Nerudas Stück zu verkörpern.

Die Geschichte

Arme Chilenen wandern schweren Herzens nach Kalifornien aus, um Gold zu suchen. Dort angelangt, begegnen sie Räubern, Rassisten. Sie müssen schwere Entbehrungen durchstehen. Frauen werden vergewaltigt, die Männer ausgebeutet und ermordet. Nur der als Bandit bezeichnete Joaquin Murieta kann zum Mittel des Kampfes greifen, um seine Landsleute zu verteidigen. Schließlich wird auch er gefangen genommen und schändlich umgebracht. Die chilenischen Freiheitslieder klingen vergeblich.

Wie schildert man Trauer, Mord, Totschlag, Vergewaltigung auf der Puppenbühne, ohne daß es peinlich wird? Erstmal ohne viel Gestikulation. Dann mit großem Ernst, der sich in den Gesichtern der Spieler und Musiker (wir hatten ein ganzes geflüchtetes Orchester aus Chile auf der Bühne) spiegelt. Die Figuren, ob groß oder klein, wurden wie Schachfiguren bewegt. Die Spieler ergriffen ihre Körper mit den Händen. Der Bewegungsstil war hart, eckig, fast geometrisch. Als die Atmosphäre sich verdichtete, die Chilenen immer mehr von den Verbrechern bedrängt werden, versammelten die Puppenspieler sich um einen Tisch, wie um einen Altar. Da steht ein kleines Haus. Kleine Frauen werden ins Haus geschoben. Man hört Schreie. Es sind die Stimmen der weiblichen Puppenspieler. Man hört das Fallen eines Körpers. Schüsse. Körper werden mit dem Gesicht nach vorne umgekippt. Rauch drängt aus dem Haus. Alle wenden sich ab. Keiner im Publikum hat gelacht. Wie ein Strom ging unsere Botschaft „über die Rampe". Trotzdem gab es auch Humor und Lachen in vielen rührenden Situationen - mitten im Tragischen - sonst wäre der Ernst abgeschwächt worden. Volksmusik und Lieder balancierten die Stimmung. Das ganze Ensemble tanzte den Volkstanz La Cueca.

Es ist eine schwere Aufgabe, solche bewegenden und grausamen Handlungen wie hier, in eine adäquate Theatersprache zu übersetzen. Ich glaube, wir kamen einer seltenen und sehr ursprünglichen Eigenschaft des Puppentheaters nahe: seiner Herkunft aus dem Rituellen, Religiösen. Richtig angewendet, hat die Puppe ja seit Urzeiten eine starke Symbolkraft, die sowohl dem Kruzifix, aber auch z. B. den Riten des Woodo und ähnlichem innewohnt. Da bedarf es nur einer ganz langsamen Drehung des zum Tode verurteilten zum Publikum hin, bis uns sein Blick trifft, und die Puppe bekommt die Kraft einer Beschwörung.

Ramayana 1984

Die südostasiatischen Kulturen sind von dem Thema Ramayana durchdrungen. Da werden alle Nuancen von menschlichen, dämonischen und göttlichen Verhaltensweisen erzählt. Das geschieht mit einem Reichtum, den wir im Westen nur von der Bibel, von Dantes Göttlicher Komödie oder von Homers Odyssee her kennen. Es geht um Glauben und Ethik, um die großen Lebensfragen, um den Kampf zwischen Gut und Böse. Zuerst befremdet der exotische Rahmen. Aber wer sich bemüht, sich durch die Fülle von Namen und Ereignisse hindurchzuarbeiten, findet - etwas überrascht - daß Ramayana von Dingen handelt, die den Menschen in allen Kulturen vertraut sind. Mir geschah das bei der Begegnung mit der thailändischen Version Ramakien. Aber zuerst die ursprüngliche indische Version:

Die Geschichte

Die Götter im Himmel streiten über den Zustand der Menschen auf Erden. Der Gott Vishnu steigt herab, um in der Gestalt von Rama zusammen mit seiner Frau Sita auf der Erde zu leben. Dort herrscht der fürchterliche Dämonenkönig Ravana. Als dieser Sita entdeckt, zaubert er einen goldenen Hirsch herbei. Sita verliebt sich in den Hirsch und verlangt, daß Rama und sein Bruder ihn für sie einfangen. Die Männer werden weggelockt, und Ravana raubt Sita. Er führt sie bis zur Insel Lanka (Ceylon), wo er sie gefangen hält. Jetzt beginnt für Rama ein mühsamer Weg, (Ramayana heißt: Der Weg Ramas), um Sita wiederzufinden und zu be-freien. Er bekommt dabei allerlei göttliche und irdische Hilfe, vom edlen Vogel Garuda und vor allem von Hanuman, dem weißen General der Affenarmee. Dieser beherrscht tausend Zauberkünste. Um das Meer zu überqueren, zaubert sich Hanuman so groß, daß sein Schwanz eine Brücke bildet, auf der die Affenarme hinüber marschieren kann. Schließlich wird Ravana in einer großen Schlacht besiegt und Sita befreit.

Bei diesen Abenteuern, die hier total verkürzt angedeutet sind, begegnen wir allen menschlichen Freuden und Sorgen, Liebe und Gewalt, Vermessenheit und Demut und vielen göttlichen und dämonischen Gestalten.

Wie die meisten Besucher Asiens verstand ich nicht gleich, daß Ramayana in allen Kunstformen, sei es auf der Bühne oder als Bild, vorkommt. Welcher Rahmen es auch sei, eine Nachtvorstellung im tiefsten Dschungeldorf beim Licht von Öllampen oder als glitternde Touristendarbietung an der Poolkante des Luxushotels - immer kommen die Themen des Ramayana vor. Die kleinsten Kinder kennen die Handlung auswendig. Für den Fremden aber gibt es eine Barriere, die von der „Verpackung in Bild und Sprache" herrührt. Die Ästhetik verbirgt sozusagen die Ethik - das ist ein typisches Phänomen, wenn Kulturen zusammenprallen. Es gilt in diesen Fällen, die Ethik durch ihre Umhüllungen hindurch zu erspüren. Das versuchte ich, indem ich das Thema eingrenzte in der Absicht, es zu gestalten.

Nun ging das Suchen los nach mehr Kenntnissen, nach Studienmaterial. Ich fand eine englische Fassung und begann mit der Bearbeitung. Viele Seitenlinien mußte ich verlassen, auslassen und eine für den Westen vereinfachte Handlungsfolge ausarbeiten, Dialoge bauen, schließlich visuelle

Szene aus „Ramayana", 1984, Motiv: Übers Meer nach Lanka

Höhepunkte herausfiltern. Nach etwa einem Jahr lag ein Manuskript vor. Ebensoviel Zeit brauchte die Szenografin Elisabeth Beijer für die szenische Gestaltung - eine wahre Geduldsprobe -, denn es sollte kein einziges Haus ohne exakte Verzierung, kein Flügel ohne Blattgold, keine Figur ohne präzise Details im Gesicht und am Kostüm geben.

Wieder einmal bestimmten Bilder die Gestaltung, nämlich die Wandmalereien des Wat Prah Keo (Temple of the Emerald Buddha) in Bangkok. Ich war von ihren fabelhaft detailreichen Miniaturen überwältigt. Der Puppenspieler in mir bekam tolles Herzklopfen vor dem Bild, wo die Beerdigung des besiegten Dämonenkönigs Totsakan (= Ravana) geschildert wird. Da waren Puppentheaterbühnen aller Spieltechniken aufgestellt. Das konnte nur bedeuten , daß all diese verzaubernden Traditionen drei hundert Jahre früher, zur Zeit der Entstehung der Malerei, sehr verbreitet und beliebt waren. (Natürlich mußte dieses Motiv in meiner Aufführung vorkommen.)

In unserer Aufführung gab es nicht eine sondern mehrere Bühnen. So wählten wir vier gerahmte Bilder, jedes von ihnen ein „Spielplatz" für verschiedene Phasen der Geschichte. Doch die Figuren sollten sich darin bewegen können. Dazu mußten wir übereinander - in Etagen von unten nach oben - Schlitze machen. Flache Stabfiguren wurden an ganz dünnen Drähten von hinten in dieser Bilderwelt bewegt, (ohne daß die Spieler sie sehen konnten!). Die verschiedenen Situationen der Handlung erforderten aber noch viel mehr. Bei der Wiedervereinigung Ramas mit Sita flammen starke Gefühle auf. Dazu schien mir eine „zweidimensionale Umarmung" zu dürftig. Die Figuren mußten größer und vollkörperlich sein und sehr zärtliche graziöse Bewegungen ausführen können. Aus diesen Gründen stieg das Liebespaar aus dem Bilderrahmen, wurde dreidimensional. Vor schwarzem Hintergrund faßten die Spieler direkt die schmalen nackten Arme der Figuren an und konnten so die selbe Intensität vermitteln, wie sie auch Menschen in einer solchen Situation haben. Warum haben wir dann nicht gleich lebendige Menschen gewählt? Weil Puppen Grazie und Zärtlichkeit stärker ausdrücken und jedes beliebige Format haben können.

Es gab in diesem Stück doch ein Rama- und Sita-Paar als Menschen, aber sie durften nur den typisch thailändischen Tanz tanzen. *Das* konnten die Menschen besser als die Puppen. Puppen hätten nur imitieren können. Bei einer anderen Gelegenheit sollte Hanuman ganz groß werden. Da er in dem Bildrahmen nur 10 Zentimeter maß, machten wir eine zweite flache Puppe, diesmal anderthalb Meter groß, die über den Bilderrahmen hinausragte und somit enorm schien. Zum Schluß, beim glücklichen Finale, das weitgehend Hanumans Verdienst ist, kommt er in Menschenformat vor die Bühne und streut Blumen über das Publi-

Aus „Ramayana", 1984

kum - eine Debutaufgabe für meine damals zwölfjährige Tochter Michaela.

Die hier beschriebene Version konnte nur unter Aufbietung vieler verschiedener theatralischer Ausdruckmittel verwirklicht werden, sie zeigte ästhetisch ein reichhaltiges Kaleidoskop von Möglichkeiten. Ziel war es, das westliche Theaterpublikum für Ramayana zu gewinnen: So wie das Thema mich eingenommen hatte, was mich faszinierte, müßte auch andere faszinieren.

Die Geschichte sollte von einem Erzähler neben der Bilderbühne vorgetragen werden. Mit meiner Einstellung schien es mir natürlich, selber dieses Aufgabe zu übernehmen. Das ermöglichte zugleich verschiedene Sprachversionen bei Gastspielreisen. Ich wollte mit meinen eigenen Worten die Erkenntnis weitergeben, daß Menschen verschiedener Kulturen mehr gemeinsam haben als sie trennt. Aus Einsicht kommt Verständnis, aus Verständnis kann Liebe erwachsen.

Praktisch ging die Produktion so zu, daß das ganze Ensemble (sechs Personen) mit dem relativ fertiggestellten künstlerischen Material nach Bangkok zog und sich bei der dortigen Alliance Française für eine Probenarbeit von sechs Wochen einquartierte. Es gelang, eine thailändisch-französisch-schwedische Zusammenarbeit zu etablieren, an der sich sowohl das thailändische Kultusministerium - wenn auch zögernd - als auch die Bangkok Bank beteiligten. Die Premiere fand im Theater der Alliance Française statt. Daß die Beteiligung offizieller Behörden skeptischen Charakter hatte, ist verständlich. Was würden diese Europäer mit ihrem nationalen Kulturschatz wohl anfangen? Nach der Vorstellung kam ein Ramayana-Spezialist, zugleich Universitätsprofessor *und* Mitglied der Königlichen Familie, hinter die Bühne und erklärte mit Tränen in den Augen, wir hätten die Essenz von Ramayana echter interpretiert als es jemand aus dem eigenen Land gekonnt hätte. Eine bessere Würdigung hätten wir uns nicht wünschen können.

Modelle in Ton von Michael Meschke zu „Don Quichotte", 1988

Don Quichotte 1988

Ich komme jetzt zu dem Stück, das mich aus mehr als einem Grund persönlich stärker berührte als die meisten Inszenierungen.

Nach Ramayana erlebte das MARIONETTEATERN seine schwierigste Existenzkrise. Ein Problem kommt selten allein. Hier kamen alle auf einmal. Die öffentlichen Zuschüsse entsprachen nicht mehr der Preisentwicklung. Wir verloren unsere Räumlichkeiten. Das Ensemble teilte sich in zwei Teile. Die Kulturpolitik schien dem MARIONETTEATERN nicht länger seinen Platz einräumen zu wollen. Ich selbst fühlte mich infolgedessen immer mehr entfremdet.
Im letzten Moment vor einer Katastrophe tauchten Helfer auf, Solidaritätserklärungen, öffentliche Proteste, bis auf die ersten Seite der größten Zeitung. Sie zeigten, daß ich nicht allein dastand, daß ich nicht in erster Linie mich selbst, sondern eine geliebte Institution zu verteidigen hatte. Es gibt wenig im Leben, das ich höher einschätze als Treue unter Menschen. Dazu gehört auch, denen treu zu bleiben, die mir Vertrauen schenken. Um das zu verteidigen, kann man eine Kraft entwikkeln, die hilft, in den größten Widrigkeiten auszuhalten und für eine Überzeugung zu kämpfen - ad absurdum - ganz wie es ein gewisser Don Quichotte tat. Parallel zu den ungünstigen Aussichten im eigenen Land wuchs unser internationaler Ruf unentwegt. Ausländische Puppenspieler zeigten Interesse, bei uns zu arbeiten. So wurde das Ensemble immer internationaler. Meine weltweiten Verbindungen entwickelten sich sehr gut mit Lateinamerika und dort ganz besonders mit Argentinien. Das habe ich vor allem Ana Maria Tempestini zu verdanken. Von Argentinien ausgewandert, wurde sie von Sevilla aus für mich und viele Kollegen eine passionierte Vermittlerin von Kontakten und Initiativen. Sie führte mich mit Ariel Bufano zusammen, veranstaltete Tourneen, ermöglichte mir, in Argentinien zu unterrichten und gab auch der spanischen Unima neues Leben. All dies führte mich zur spanischen Sprache. Durch die Sprache kam mir die Zentralfigur der iberischen Kultur, Don Quichotte, immer näher.

Darüber hinaus gab es noch einen weiteren Grund, mich Don Quichotte zuzuwenden, ein Grund den ich mit dem Begriff „Auschwitz" benennen möchte. Seit die haarsträubenden Bilder von der Auflösung der Konzentrationslager 1945 die Welt erschütterten, hat mich das Thema Auschwitz beschäftigt. Als vierzehnjähriger wurde mir ein dunkler Zusammenhang klarer. Hätte nicht auch ich dort landen können? Die Gründe meiner Eltern, 1939 aus Deutschland auszuwandern, wogen schwerer als der Stein von Schillersdorf (den die Nazis durch das Fenster unseres Wohnzimmers geworfen hatten), oder daß ich als Zehnjähriger der Hitlerjugend hätte beitreten müssen: Sie sahen voraus, was kommen würde. Wer damals sehen wollte, konnte sehen. Als lutherischer Pfarrer mit einer nichtarischen Frau und drei Kindern, mußte

„Don Quichotte", 1988

unser Vater schweren Herzens die Emigration wählen.

Die Bilder von Auschwitz formten sich bei mir zu einer immer wiederkehrenden Frage. Sie ist abgrundtief und kein Stoff für leichte Konversation: Wie ist es möglich, unter den schwersten Umständen zu überleben? Was kann dazu die nötige Kraft geben? Überlebenstrieb? Kaum, denn dieser kann durch Schwäche gebrochen werden. Glaube? Ich weiß nicht. Rief nicht sogar Jesus am Kreuz „Mein Gott, warum hast Du mich verlassen"? Politische Überzeugung? Fanatismus? Es scheint nicht so. Wer in der Marterkammer gefoltert wird, schweigt, bis er vor Plagen stirbt oder er gibt auf und redet, das heißt, er gibt die Seinen preis. Mit solch einer Bürde kann er zwar physisch weiterleben, aber „geistig" überlebt er kaum.

Was sonst könnte das Überleben ermöglichen? Könnte der Zustand von Wahnsinn ein Mittel sein, falls er eine bewußte Wahl wäre? Die Narren wurden in Ruhe gelassen. Gewisse sogenannte Geisteskrankheiten sollen darauf zurückzuführen sein, daß Patienten sich als Schutz, mehr oder weniger bewußt, in den Wahnsinn zurückziehen, um eine ihnen unerträgliche Wirklichkeit auszuhalten. Don Quichotte wurde immer als ein Narr verstanden. Aber kann man ihn nicht auch so sehen, daß er klug und einsichtsvoll war, sich verrückt stellte, um Idealen nachfolgen zu können, die nur andere als wahnsinnig bezeichnen?

Laut Milan Kundera war Don Quichotte einer der Größten unter uns Europäern. Wer seinen Überzeugungen freie Zügel gibt, wird leicht als verrückt angesehen ... Vielleicht konnte es Don Quichotte in dem privaten „Konzentrationslager", als welches er sein Leben empfand, aushalten, indem er die Menschen glauben ließ, er sei verrückt.

Vielleicht hätte er Auschwitz überleben können. Hat nicht Eli Wiesel berichtet, daß es in den Lagern Häftlinge gab, die Puppenspiele aufführten und ignoriert wurden, wie man Wahnsinnige beiseite läßt?

All diese Erwägungen spielten eine Rolle, als ich 1985 begann, Cervantes Riesenroman für das Puppentheater zu bearbeiten. (Den Kopf des Don Quichotte hatte ich schon 1983 modelliert.) Zum ersten Mal sollte ich mir erlauben, freier zu arbeiten, den Roman mehr als Grundlage zu verwenden für das, was mir zu sagen wichtig schien und was auch meiner persönlichen Lebenssituation entsprang. Am Ende zeigte sich, daß ich trotzdem der Essenz der ursprünglichen Geschichte treu geblieben war.

Die Geschichte

Don Quichotte ist ein armer, verkommener Ritter, der sich ins Lesen von billigen Ritterromanen vertieft. Er identifiziert sich mit edlen Helden und großen Taten und stürzt sich in ein Abenteuer nach dem anderen, zur Verzweiflung und auch zur Schadenfreude seiner Umgebung. Einzig sein Diener Sancho Pansa bleibt ihm treu und repräsentiert die erdnahe Vernunft, die Don Quichotte aus mancher demütigenden Situationen rettet. Auf ihren Reisen durch das Land - Don Quichotte auf dem Rücken des elenden Pferdes Rosinante - stoßen die beiden immer wieder auf Menschen und Verhältnisse, die dem Helden als Herausforderungen erscheinen, einzugreifen, um die Welt zu verbessern. Meistens entkommt er solchen Konfrontationen blau geschlagen und verhöhnt. Aber sein Idealismus ist unbesiegbar. Unter den unzähligen Abenteuern ist das berühmteste, wo der Held Windmühlen für böse Riesen hält und sie angreift. Ein andres Mal begegnet er Meister Pedros Pup-

Don Quichotte
mit den
Windmühlen, aus:
„Don Quichotte",
1988

penspiel, sieht die Puppen als lebendige Menschen an und greift in die Handlung ein, um die Puppenheldin zu retten. Dabei wird das ganze Theater zerstört.

Eine Hauptlinie im Roman ist Don Quichottes Liebe zu Dulcinea, seiner Traumfrau, die in Wirklichkeit den Träumen wenig entspricht. Die einzige Frau in seinem Leben scheint seine etwas brutale Haushälterin zu sein. Sie verbrennt die fatalen Romane. Don Quichotte stirbt in größter Armut, Sancho Pansa bleibt ohne Lohn für seine lange Treue.

Das erste Ziel der Bearbeitung war, den Umfang zu reduzieren, wobei es unvermeidlich ist, schon gleich auf eine Auswahl besonders theaterhafter Episoden zu schielen. Für diesen Zweck bringt Cervantes weitgehend Dialoge, so daß nur wenige Veränderungen nötig wurden.
Dann folgte die wichtige Auseinandersetzung mit dem Thema Aktualität. Wenn ich bei anderen Stücken manchmal eine antiquierte Sprache ins Zeitgenössische übertragen mußte, hütete ich mich bei Cervantes davor, weil seine altertümliche Sprache, das Pathetische, die Essenz der Handlung verstärkt. Bei der Frage der Aktualität geht es um mehr als nur um Linguistik. Ich komme an dieser Stelle auf das zurück, was ich vorher „Auschwitz" nannte. Auschwitz ist die äußerste Zuspitzung von Voraussetzungen, die ständig um uns herum existieren, vielleicht sogar *in* uns vorhanden sind. Wie ich es sehe, schafft der Mensch allein die Voraussetzungen für faschistische Gesellschaften. Das Unentschuldbare bei Auschwitz ist, daß hier Verbrechen in einem nie zuvor gekannten Ausmaß von Menschen „formalisiert" begangen wurden. Bestialische Greueltaten erscheinen überall, auch wo man es am wenigsten erwartet, wie z. B. im demokratischen, disziplinierten Chile von 1973.

Sollte es sich tatsächlich so verhalten, daß das Böse im Menschen quasi „eingebaut" ist? Wenn das so ist, wäre es dann nicht das beste, diese Tatsache als „Schicksal" hinzunehmen? Das würde bedeuten, jeglichen Kampf aufzugeben. Allerdings glaube ich nicht, daß es so ist, und ich meine, durch das Studium vieler Kinder gelernt zu haben, daß der Mensch am Anfang überwiegend unschuldig ist. Nicht nur unschuldig, sondern auch mit den besten Möglichkeiten ausgerüstet, sich Wissen, die Botschaften von Ethik und Moral anzueignen. Wenn dem so ist, dann muß es nach der Geburt einen Prozeß von Pervertierung geben, der uns verdirbt. Die Wahrheit, die wir so ungern anerkennen wollen, kann wohl nur die sein: Die Zerstörung geschieht durch die menschliche Gesellschaft selbst, sie geht von ihr aus. Sie beginnt mit der Erziehung durch Eltern, Erzieher, Lehrer, durch das Erwachsenwerden, erfolgt weiter durch die etablierten Autoritäten der Gesellschaft, in Ausbildungsstätten, Kirchen, Armeen und Behörden bis hin zu den Regierungen. Wo Autoritätsgläubigkeit statt Respekt vor wirklicher Autorität eintritt, wo blinder Gehorsam selbständiges Denken und Einsicht ersetzt, wo Unterdrückung an die Stelle menschlicher Gleichberechtigung tritt, da entsteht übersteigerter Egoismus, das Festhalten an pervertierten nationalen oder ethnischen Idealen, fanatische Quasireligiosität. Um dieses Unheil zu verhüten, braucht der Mensch Kräfte, die er dem entgegensetzen kann. Sie heißen Bewußtsein, ständige Wachsamkeit und - warum nicht - wie bei Don Quichotte: Ideale.

Mir persönlich gab die bedrohte Situation, in der sich das MARIONETTEATERN befand, eine Widerstandskraft in der Form von Wut. Die Aktualität in Don Quichotte sah ich von diesen allgemeinen Überlegungen her und von der eigenen Lebenssituation und Lage. Das alles zusam-

gegenüber: Don Quichotte und seine Haushälterin, aus „Don Quichotte", 1988

mengenommen färbte auf die Bearbeitung des Textes ab.

„Mein" Don Quichotte sitzt demnach erst mal auf einem großen Stuhl, von dem er, wie aus einem Gefängnis, nicht weg kann. Er ist schwach, gezeichnet von Krankheiten und Alter, hat alles gesehen, alles begriffen, und deshalb ist er von tiefer Traurigkeit befallen. Bewacht wird er von seiner aggressiven Haushälterin. Sie macht ihm das Leben sauer, ist gewissermaßen, obwohl sie es gut meint, die Repräsentantin einer banalen und schonungslosen Wirklichkeit, die weder Traum noch Phantasie versteht. Sie reißt Don Quichotte ja auch die Quellen seiner Inspiration, seine Bücher, weg. Don Quichotte ist buchstäblich wie ein Gefangener, ähnlich wie in einem Konzentrationslager. (Sogar die Aufschrift „Arbeit macht frei" kam anfangs in der Aufführung vor. Ich nahm sie aber später weg, da sie ein zu überdeutlicher „Zeigefinger" war, was ein Theaterkritiker auch schrieb. Widerstrebend mußte ich dem Kritiker recht geben.)

Aber Don Quichottes Kopf ist in Ordnung. Darin tobt es vor Aufruhr über die Ungerechtigkeit der Welt. Was bleibt ihm in dieser seiner demütigenden Lage anderes übrig, als zu träumen! Daß er noch jung und stark ist wie der edelste der alten Ritter, daß Rosinante das beste Pferd der Welt ist und nicht dem Tode nahe, so wie es auf die Bühne kommt! Vor allem träumt er davon, die tollsten Helden-taten zu vollbringen, die Abenteuer quellen ihm buchstäblich aus dem Kopf. Und der Motor für all seine Anstrengungen ist die Liebe zu der idealen Frau, zu Dulcinea, auch wenn diese gar nicht existieren sollte.

Die Bearbeitung „strich" eine wirkliche Dulcinea und beließ es bei der Vision. Es war mir auch persönlich wichtig, zu sagen daß es die wahre Liebe immer gibt, so sehr sie auch in den Dreck gezogen werden mag. Der Glaube an sie kann ausreichen.

Von Anfang des Stückes an bis weit in seine Mitte hinein sitzt Don Quichotte. Wenn er versucht, aufzustehen, tragen ihn die Beine nicht. Aber die Windmühlen bekämpft er stehend, bis er vor Erschöpfung umfällt. Aus tiefer Traurigkeit heraus wendet er sich zum Publikum und sagt mit den von mir dazugeschriebenen Worten: „Ach! Die bösen Riesen, da, hier, überall. Seht ihr denn nicht die wirklichen Dämonen? Ihr alle, die ihr brüllt, euch empört über das Aussaugen der Armen, über Rüstungsterror, die Zerstörung der Natur, den Hunger der Elenden, ihr die das alles sagt, und dennoch selber um das goldene Kalb weiter tanzt, ihr die ihr euch immer neue, möglichst entfernte Riesen erfindet, ohne den gefährlichsten, den schlimmsten Feind von allen zu sehen: Euch selber! Denn der Mensch ist die Ursache und die Glocke, die läutet. Gerade jetzt und hier. Höre! Welche neuen Dämonen nährst du wohl in dieser Stunde durch dein Schweigen, deine Selbstzufriedenheit, deine Gleichgültigkeit, deinen stummen Egoismus? Oh, *ich bin selbst meine größte Bedrohung* . . . warum . . . warum nur? Ihr alle, die ihr da lebt, ich frage euch: warum? Möge ich auf diese Frage niemals Antwort finden! Denn gibt es Antworten, wird alles legitimiert, entschuldigt und dann vergessen. Oh weh! Je mehr ich daran denke, je mehr stinkt es. Wenn ihr an meinem Herzen lecken könntet, würdet ihr vergiftet werden!"

Der letzte Satz dieses Monologes war übrigens an eine Wand in Auschwitz geschrieben. Nach diesem Ausbruch begegnen wir Don Quichotte in aufrechter Haltung nur noch einmal, wie er das Marionettentheater Meister Pedros attackiert. Damit sind seine Kräfte erschöpft, Einbildung und Wirklichkeit sind so vermischt, daß ihm nur noch übrig bleibt, zu sterben. Doch wäre Don Quichotte nicht der unsterbliche, ewig aktuelle Antiheld, den ich in ihm sehe, wenn er nicht nach dem Tode auferstünde und voller Triumph und Siegessicherheit, wild schreiend, vom ganzen Ensemble durch den Saal hinaus auf die Straße, das heißt in die Wirklichkeit, getragen würde?!

Wie wurden diese Absichten praktisch verwirklicht? Leere schwarze Bühne. In der Mitte der Stuhl. Vor ihm auf dem Fußboden ein unansehnlicher Haufen Stoff. Das Ensemble tritt ein, hebt den Stoff und die darunter liegende Puppe des greisen Don Quichotte auf und setzt ihn sanft und achtungsvoll auf den Stuhl. Drei Spieler halten die Figur in der Art des japanischen Bunraku. Einer am Kopf und die rechte Hand, ein anderer die linke. Beide Hände sind mit voll beweglichen Fingern ausgerüstet. Der dritte Spieler agierte unter dem Stuhl auf dem Fußboden und bewegte die Beine. Das war sehr unbequem. Also versuchten wir, die Beinbewegungen wegzulassen. Aber die Figur wirkte sofort verkrüppelt. Eine Lektion für den, der meint, „kleine“ Aufgaben im Puppentheater seien unwichtig! Nur Don Quichotte wurde mit dieser aufwendigen Spieltechnik geführt. Aber auch die anderen Spieler waren so stark in Anspruch genommen wie noch nie zuvor. Technischästhetisch wurde die Inszenierung zu einem Kaleidoskop verschiedener Spielformen.

Der überlebensgroße Don Quichotte spielt in der „Wirklichkeit“ (wie auch seine Haushälterin), während die Produkte seiner Einbildung, oder vielmehr seines Klarsehens, kleiner im Format angelegt waren, meist mit Stäben versehen und in der Luft geführt, nahe beim Kopf, aus dem sie herauskamen. Was die Haushälterin betrifft, habe ich schon ihren krassen Wirklichkeitscharakter

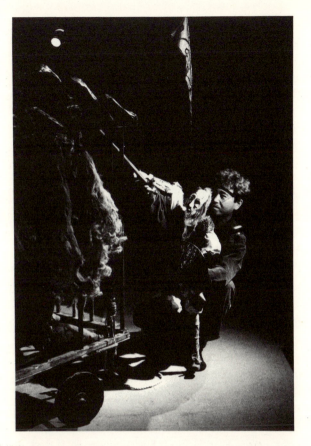

Ruyji Nishikawa mit der Kuruma-ningyo-Figur des Don Quichotte, aus „Don Quichotte“, 1988,

angesprochen. Das bedeutet nicht, daß sie auch realistisch gestaltet werden muß. Da in dem schlimmsten Monster irgendwo auch etwas Gutes steckt, sollte sie auf keinen Fall zu bloßer Karikatur werden. Darum fiel die Wahl auf eine Riesenpuppe mit Schaumgummigesicht. In der Puppe steckte ein Mime. Die Dame sah so aus, daß sie einem allein durch ihr Format Schrecken einjagen konnte. Ihre Augen aber sprachen von einer müden Melancholie.

Nun zu Sancho Pansa. Da Don Quichotte in dieser Version nicht mehr als Dummkopf gesehen wurde, war auch in der Gestalt von Sancho weniger Gegengewicht an Vernunft notwendig. Die Figur war kaum ein Meter hoch, die Spieltechnik das japanische Kuruma-ningyo. Dabei sitzt ein Spieler festgeschnürt auf einem niedrigen Hocker, der mit Räder versehen ist. So rollt er mit Hilfe der eignen Füße auf dem Fußboden herum. Vor sich trägt er die Puppe, deren Fersen mit seinen Zehen fest verbunden sind. Diese Form ermöglicht es, daß ein Mensch ganz allein ein dynamisches Spiel vollführen kann, das in seiner Lebendigkeit der Bunraku-Technik nahe kommt. Der Meister dieser Technik ist der schon erwähnte Ruyji Nishikawa. Er war ein Jahr lang Mitarbeiter am MARIONET-TEATERN und lehrte uns seine Technik, die für den „erdnahen" Realisten Sancho die rechte Wahl schien. Sancho Pansa mit seinem erdgebundenen, gesunden Bauernverstand bekam einen kurz gewachsenen Körper, breite Beinstellung. Das ist typisches Klischeedenken über gewisse Menschen, das sich leicht auf die Gestaltung von Figuren übertragen läßt. Unsere Kunst verführt zur Vereinfachung, zur Karikatur und zum Standarddenken. Wir sollten dabei jedoch aufpassen, daß wir damit nicht unsere Wirklichkeit banalisieren. Wer dick ist muß nicht phlegmatisch sein, der Schmale ist nicht unbedingt neurotisch. Jede Charakterisierung bei der Figurengestaltung sollte sehr bewußt begründet sein. Im Falle von Sancho Pansa lockte es mich - vielleicht aus Ironie - gerade ein solches Klischee einmal bewußt auszunutzen.

Bei Dulcinea konnte ich mir die Befriedigung, den Spaß nicht versagen, einmal, den Zauberkünstlern gleich, die „schwebende Jungfrau" auf die Bühne zu bringen. Hier war es angebracht, daß die Dame schweben konnte, da sie ja nur das Ergebnis von Don Quichottes Einbildung und Sehnsucht war. Mensch oder Puppe? Für einen Puppenspieler wie mich wäre eine naheliegende, selbstverständliche Wahl gewesen, die schwebende Dulcinea als

Marionette zu gestalten. Für den Regisseur, der ich aber auch bin, schien das im negativen Sinne zu simpel, der Erwartungshaltung entsprechend, bar jeder Herausforderung und Magie. Eine Frau „aus Fleisch und Blut" einzuführen, schien mir wiederum zu nah, zu naturalistisch. Wenn aber eine lebendige Frau magisch schweben könnte...? Unsere beiden spanischen Spieler Eduardo Borja und Toy Dumall waren nicht nur geschickt, sondern auch stark. Sie mußten unsere Dulcinea, die Thailänderin Arunee, versteckt hinter Don Quichottes Bett, tragen. Einmal war es eine kleine Puppe, die schwebte, ein anderes Mal die lebende Spielerin. Die Größe wechselte, je nachdem wie die Vision Don Quichottes wuchs, näher kam oder sich entfernte. Eines Tages verließen uns die Spanier und Arunee, und Helena Nilson übernahm die Rolle. Aber sie ist blond. Die Puppe bekam infolgedessen neue Haare. Schlimmer war der Mangel an starken Männern. Da kam Soji Kawakita, unser zweites Ensemblemitglied aus Japan auf die kongeniale Idee, daß Dulcinea gar nicht wirklich zu schweben brauchte. Es genügte, daß jemand ihren Rock waagerecht in den Raum hielt, während sie ganz normal nach vorne kam. Ihr Unterleib war schwarz gekleidet und verschmolz, wie der „Rockträger", mit dem Hintergrund. Die Illusion der schweben-den Dame wurde vollständig, als Helena dazu ihren Oberkörper schräg hielt. Ein Zucken des langen horizontalen Kleides oder eine schlechte Koordination zwischen den Spielern hätte sofort die Technik enthüllt.

Don Quichotte ist mir nicht nur aus den erwähnte Gründen lieb sondern auch, weil die Inszenierung einer Idealvorstellung von Theater etwas näher kam, die ich das „reine Theater" nennen möchte. Das bedeutet für mich zweierlei. In Bezug auf Inhalt und Ethik heißt es, klare, gerade Botschaften in der Aussage - so wie Kinder die Wahrheit

Don Quichotte mit den Windmühlen, aus: „Don Quichotte", 1988

sagen, ohne Umschweife. Erwachsene halten das, manchmal leichtfertigerweise, für Naivität. In dem Märchen von H. C. Andersen „Des Kaisers neue Kleider" sagt das Kind „Der ist ja nackt!". Solche Naivität geniert. Wir sind sie nicht gewohnt. Aber ich betrachte sie als eine Qualität. Sie kommt aus der Unschuld, und Unschuld gibt es viel zu wenig.

Vom ästhetischen Standpunkt aus definiere ich das „reine Theater" so: *mit minimalem Aufwand die maximale Wirkung erreichen.*
Das beginnt schon mit dem Bühnenraum: Die übliche Szenographie fällt weg. Der leere Raum läßt Rollen und Geschehnisse besser mit Leben füllen als der schon volle. In Japan ist das traditionelle Zimmer leer. Um zu unterstreichen, *wie* leer, stellt man gerne ein einziges kleines dekoratives Element, wie z. B. eine Blume, ein Bild, hinein.

Bei Don Quichotte sollte nur seine Ausstrahlung den Raum füllen, seine Phantasievorstellungen sollten ihn „bevölkern". Das reine Theater ist durch Sparsamkeit gekennzeichnet. Sie kann durch Monochromie erreicht werden. Schon in „König Ubu" gab es eine Vision des reinen Theaters, als Puppen, Spieler, Dekorationen und Hintergrund weiß waren. Bei Don Quichotte wählte ich eine Skala von Grautönen für die Geschöpfe seines Gehirns.

Farbe und Größe der Figuren sind bei uns ein spezielles Problem praktischer Art. Die stockholmer Bühne ist kaum zwanzig Quadratmeter groß, der Zuschauerraum faßt weniger als hundert Personen. Diese Intimität fördert Nähe und kleine Formate. Im Ausland spielen wir die selben Stücke auf Riesenbühnen und vor großem Publikum. Das ist eine Herausforderung, die schon bei der Vorbereitung eines jeden Stückes beachtet werden mußte. Die Größenfrage ist relativ. Der Zuschauer beurteilt die Größe in Relation zu anderen Größen. Wie die Sänger in der Oper, vom dritten Rang gesehen nur zentimetergroß wirken, aber durch das „Einleben" des Zuschauers größer werden, so auch im Puppentheater, nur daß man hier außerdem die Möglichkeit hat, mit den Dimensionen der Rollen frei zu spielen. Farblich hilft die Monochromie und der einfarbige, meistens schwarze Hintergrund, um auch sehr kleine Rollen hervorzuheben. In „Don Quichotte" sollten die Geschöpfe seiner Phantasie nicht größer sein, als wie sie gerade aus seinem Kopf kommen, ob Räuber, Kaufleute, Pferd oder er selbst. Deshalb trugen sie hellgraue Farbe und waren auch in großen Sälen zu sehen. Wie beim Raum gilt auch bei den Farben, daß die Absicht deutlicher wird, wenn die Monochromie von Aus-nahmen „gestört" wird. In Ubu war der russische Zar vergoldet, in Don Quijote gab es Farbkleckse. Wo Don Quichotte die Wirklichkeit ganz konkret in der Gestalt Meister Pedros begegnet, fließen Farben auf die Bühne, nicht nur buchstäblich sondern auch durch die Persönlichkeit des Meister Pedro-Spielers, Jorge Onofri (bei der Premiere war es Toy Dumall). Er war aus Argentinien gekommen, um ein Jahr am MARIONET-TEATERN zu studieren, blieb aber fünf Jahre. Zu seinem Auftritt schob er seinen bunten Marionettenwagen in den Saal, nahm die Bühne ein, während er mit protzigem Temperament das Publikum anschrie: Hier käme das beste Marionettentheater der Welt, jetzt sollte aufgepaßt und großzügig bezahlt werden. Seine Marionettenvorführung war dagegen miserabel, so daß sich die aufmerksamen Zuschauer lächelnd wundern sollten, ob sich Don Quichotte wirklich auf die Marionetten stürzen würde im Glauben, sie wären lebendig - oder womöglich wegen der Qualität der Vorführung. . .
Hier muß ich die Qualität des Ensembles am MARIONETTEATERN erwähnen, die auch

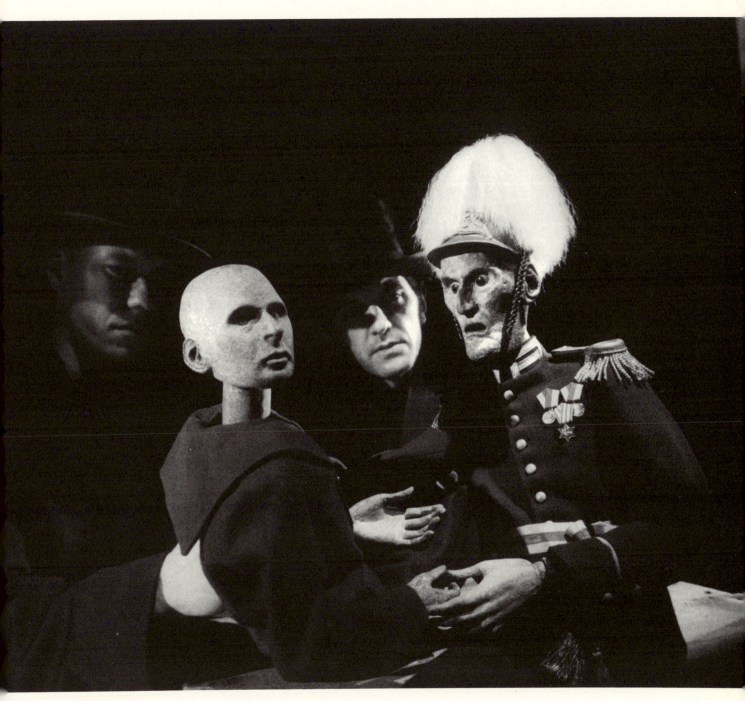

szene aus „Gespenstersonate", 1992, Regie: Roman Paska, Figuren: Arne Högsander

unseren seltenen Gastregisseuren auffiel, z.B. Roman Paska aus New York.

Paska inszenierte eine eigensinnige Vision der „Gespenstersonate", deren Ausführung höchste Ansprüche an die Sensibilität der Spieler stellte. Nicht bei jedem Ensemble wäre es möglich gewesen, eine solche Qualität zu erreichen. Die Aufführung erhielt einen Preis internationaler Theaterkritiker.

Diese Inszenierung zeigte wieder einmal, daß es keine Regel ohne Ausnahmen gibt, daß nichts unmöglich ist im Puppentheater. Sie beweist, daß kein literarischer Stoff zu „literarisch" ist, um nicht in faszinierendes Puppenspiel verwandelt werden zu können. Ich selbst wäre nie darauf gekommen, gerade dieses äußerst naturalistische Stück Strindbergs zu spielen, aber Paska sah eine unter der naturalistischen Oberfläche liegende Dimension des Surrealen und Phantastischen und brachte sie heraus, beispielsweise indem die Interpretation zwischen Puppen und Spielern hin und her glitt. Zwischendrin standen und saßen Puppen, ohne bewegt zu werden, also „unbelebt", während die Spieler agierten. Aber die Puppen blieben dennoch lebendig - die Nabelschnur des Lebens zwischen Spielern und Figuren war nie abgeschnitten. Hinzu kam noch, daß die Puppen Arne Högsanders stilistisch ausgeprägt, naturalistisch gestaltet waren, ohne jedoch nachahmende Miniaturmenschen zu werden. Das zeigt, daß Puppen nicht immer naturfern stilisiert werden müssen. Die Erklärung für dieses Phänomen finde ich in der Ausstrahlung dieser Puppen, in ihren ausdrucksstarken Gesichtern voller Schmerz und Ernst. Um so zu ergreifen wie sie es tun, ist die volle und ehrliche Aussage aus der persönlichen Erfahrungen des Künstlers notwendig.

Wie der Leser wohl bemerkt haben wird, komme ich mit meiner Erzählung zur Gegenwart. Das bedeutet auch immer mehr Überlegungen zum „idealen Theater". Es wird deutlich, daß ein Menschenleben nicht ausreicht, um all die Aspekte des Theaters mit seinen unbegrenzten Möglichkeiten zu erforschen und auszuprobieren. Wie die Mohrrübe vor dem Esel, so baumelt der Traum von der vollendeten Aufführung, vom Theater als absolutem Kunstwerk vor den Augen des ambitionierten Theatermenschen. Auch wenn die Vision davon eine Illusion bleiben muß, ist sie erstrebenswert. Es scheint nicht einmal sicher zu sein, daß es die Vollendung gibt. Die Vision davon drückt nur die persönliche Auffassung des einzelnen Künstlers aus, was *ihm* authentisch scheint, was *seine* Wahrheit ist. Das künstlerische Schaffen ist eine individuelle aber zwingende Notwendigkeit, nicht etwas, das man sich aussucht.

Beim Theater kommt noch hinzu, daß man, um individuelle Visionen zu gestalten, von anderen Menschen abhängig ist; ohne gute Interpretation bleiben die schönsten Visionen hilflos. Ich selbst arbeitete immer mit einem Ensemble, wobei ich oftmals den Verdacht hatte, ob ich der Vollendung nicht hätte näher kommen können, wenn ich die Laufbahn des Solisten gewählt hätte? Die Übertragung von Visionen auf Mitarbeiter erfordert Geschick. Das ist weit mehr, als nur „Ideen" zu haben. Psychologische Einsichten, pädagogische Fähigkeiten, die Gabe zu begeistern und zu überzeugen - all das ist hier gefordert. Die Einstudierungsarbeit kann beglückend sein, wenn von den Spielern etwas zurückkommt („feed-back"), kann aber auch mühsam sein, wenn technische Faktoren oder Kommunikationsschwierigkeiten im Wege stehen. Für den Regisseur, dem Geduld fehlt - wie bei mir - wird die Verwirklichung von Visionen durch und mit anderen ein mühsamer Umweg. Mir ist aber klar, daß eine solche Haltung eines Regisseurs tief ungerecht ist, daß sie keinen Sinn hat; ohne Mitarbeiter gäbe es nur andere Beschränkungen. Der Solist muß auf manches verzichten. Ich hätte so nie die großen Werke, die mich interessierten, inszenieren können. Ich hätte eine größere Einsamkeit akzeptieren müssen als ich es vertrage, denn die lebendige Bejahung der nächsten Mitarbeiter ist ein unentbehrliches, schöpferisches Element. Sie ist die Bestätigung für den Einsamen, daß er die rechte Wahlen getroffen, die rechte Kraft und genügend Talent hatte, und daß er es verdient, dafür auch geachtet und - warum nicht - geliebt zu werden. Andererseits garantiert auch ein Ensemble nicht den Erfolg eines Projektes.

Es geht auch um das Publikum. Theaterleute kennen die heilige Regel, niemals das Publikum zu beschuldigen, wenn eine Aufführung nicht „angekommen" ist. Es gibt kein „schlechtes" Publikum. Doch ist es nicht zu leugnen, daß das Puppentheater oftmals sein besonderes Publikum hat, und zwar zum Guten und zum weniger Guten. Zum Guten: es ist zweifellos ein ganz ungewöhnlich aufgeschlossenes Publikum. Man geht ins Puppentheater im vollen Bewußtsein künstliche Akteure zu sehen, und daß diese nur dann lebendig werden, wenn man selbst „mitmacht". Das erfordert wirklich Offenheit. Zum weniger Guten: Es gibt auch eine Art von Vorprogrammierung, die sicher schon jeder Festivalbesucher erfahren hat. Eine Einstellung auf leichte Unterhaltung, eine Bereit-schaft sich „infantilisieren" zu lassen, um die dümmsten Lustigkeiten zu empfangen. Wir verzeihen den Puppen viel mehr als den Schauspielern. Schließlich spürt man eine Neigung, sich durch Effekte und Technik beeindrucken zu lassen. Solche Einstellungen können einer wirklichen Begegnung mit einem dramatischen Werk und einer seriösen Botschaft im Wege stehen und

Desorientierung oder sogar Enttäuschung hervorrufen. Da liegt es nahe, ein solches Theater vorschnell im negativen Sinne „literarisch" zu nennen. Gründe dafür können Vorurteile sein oder eine zu enge Definition von Puppentheater. In der Ausbildung der Puppenspieler wird zu wenig Aufmerksamkeit den Gebieten der „Weltdramatik" (Dramenliteratur), Dramaturgie, Werkbearbeitung und Werkanalyse gewidmet. Auch der Mangel an vorgebildeten, spezialisierten Theaterkritikern für Puppenspiel ist von Bedeutung. Schließlich gibt es einfach Darbietungen, die gewisse Vorurteile bestätigen! Hier nach Schuldigen zu suchen, ist ebenso unfruchtbar wie einzelne Vorstellungen oder das Publikum zu kritisieren. Sinnvoll hingegen ist es, auf die Problematik als Ganzes aufmerksam zu machen, denn sie ist für einige Künstler von großer Bedeutung, vor allem für die Aussenseiter. Es kam schon vor, daß solche Künstlerpersönlichkeiten sich eingeschüchtert fühlten, sich vom Puppentheater ab- und dem allgemeinen Kunstpublikum zuwandten.

Für jeden gibt es etwas im weiten Feld unserer Kunst. Sie ist reich genug, um großzügig allen und allem einen Platz einzuräumen. Die Haltung, das eine oder andere Genre zu verurteilen, kommt als Bumerang zurück. Also sollte auch das Theater, das mit den Stimmen großer Denker etwas Wesentliches vermitteln möchte, eingeschlossen sein. Man möge aus diesen Gedankengängen nicht schließen, daß ich ein fanatischer Fürsprecher des Sprechtheaters, humorfreier Problematik und Trauerstimmung wäre. Ich habe schon genügend die Bedeutung von Humor, Bild, Geste, wortloser Aktion im Puppentheater hervorgehoben und bestehe darauf: Literatur sollte man eher lesen als anschauen. Nur meine ich, daß ein „programmiertes" Publikum sicher auf den Status des Puppentheaters Einfluß hat. In dieser Hinsicht - und nur in dieser - kann der Puppenspieler es als befreiend erleben, dem allgemeinen Theaterpublikum zu begegnen, wie es dem MARIONETTEATERN oft passierte, zu Hause wegen der Traditionslosigkeit und in der Welt bei allgemeinen Festivals.

Damit komme ich zum Anfang dieser Überlegung zurück: Wie ist Perfektion zu erreichen? Viele von uns suchen das Wesentliche und die perfekte Form, einigen gelingt die Annäherung mehr als anderen. Wer eine Vision hat, muß für sie kämpfen. Das ist ein sehr intimer und empfindlicher Prozeß, bei dem man sich fühlt wie ein nacktes Kind im Wind. Von da bis zur Vollendung ist es sehr weit. Unterwegs kann man zum Entschluß kommen, aufzuhören. Das muß nicht tragisch sein und noch weniger ein Versagen bedeuten. Es kann umgekehrt davon zeugen, daß man zu einer großen Einsicht gekommen ist, daß man ganz frei den Verzicht wählt. Die wahre Tragik liegt nicht darin, daß man weniger oder gar nichts mehr schafft, sondern darin, daß man nicht merkt, wann man aufhören sollte, weil die Quellen der Inspiration versiegen, oder wenn man einen selbstbetrügerischen Schein aufrecht erhalten will. Da ist man schon gestorben, bevor dem man glaubt, weglaufen zu müssen. Da will auch ich doch lieber weiterlaufen, der stets davonlaufende Perfektion hinterher.

„Ja renn nur nach dem Glück
Doch renne nicht zu sehr
Denn alle rennen nach dem Glück
Das Glück rennt hinterher"
(Bertold Brecht)
Wie bitte?

Der junge Kolumbus und sein Freund in Genua, aus: „Kolumbus' Entdeckungsreise", 1991, Figuren: Michael Meschke

Christoph Kolumbus 1991

Es war nicht leicht nach Don Quichotte die rechte Fortsetzung zu finden. Da kam das Jubiläum der sogenannten Entdeckung Amerikas zur Hilfe. Uns interessierte, die Zentralgestalt, Christoph Kolumbus, näher zu untersuchen: Von Mythen umgeben, heroisiert und veredelt durch die Zeiten, aber verkannt. Wer war der Mensch Kolumbus, was waren seine Motive? Ging es hier nicht auch um einen Mann, der Grenzen übertreten wollte, das Unbekannte entdecken?

Erstmal müßte man den Mythos um Kolumbus sprengen. Mit meinen Kenntnissen der südamerikanischen Kulturen wußte ich, daß das europäische Heldenbild des Entdeckers falsch war. Bei dem uruguayischen Autor Eduardo Galeano fand ich die Textunterlagen dafür. Dann ging es mir darum, die menschlichen Beweggründe des Kolumbus zu finden, denn, wie immer im Leben, konnte auch dieser Mensch nicht nur schwarz oder weiß sein. Die Aufgabe des Theaters ist es, die Nuancen und Komplikationen menschlichen Verhaltens zu enthüllen, Verständnis zu finden, Fragen zu stellen. Auch bei dem französischen Dichter Paul Claudel wurde ich fündig. In den fünfziger Jahren hatte ich sein Schauspiel „Christophe Colomb" in Paris gesehen mit Jean-Louis Barrault in der Hauptrolle. Es hatte mich sehr beeindruckt, auch wenn ich die katholische Sichtweise und Problematik, wie sie Claudel behandelte, nicht ganz verstand.

Der Text des gläubigen Christen Claudel und des militanten Galeanos waren die Unterlagen für eine Textversion, die ich selbst zusammenstellte. Das war eine eigenartige Kombination, aber sie formulierte unsere kritisch prüfende Deutung. Von diesem Standpunkt aus schufen wir sowohl eine Version für Kinder, „Kolumbus' Endtdeckungsreise" als auch eine Musiktheaterversion für Erwachsene, „Christoph Kolumbus". Mit der Kinderversion auf spanisch gingen wir auf Tournee nach Argentinien und Brasilien und begannen mit einem Gastspiel bei Ana Maria Tempestini in Sevilla. Dort lief die prestigeladene Weltausstellung 1992, bei der Kolumbus und die Feier des 500. Jahrestages der Entdeckung Amerikas unübersehbar waren. Während gewisse offizielle, nach unseren Gesichtspunkten auch fragwürdige, Gedenkfeiern um uns herum abliefen, sahen die Kinder von Sevilla im Alamedatheater eine andere Seite der Geschichte.

In Lateinamerika wurde die Aufführung wie eine willkommene Solidaritätserklärung empfangen. Das bedrückte mich. Sollten wir die einzigen sein, die eine nicht-neokolonialistische Ansicht vertraten? Oder war man überempfindlich?
In Rio de Janeiro durften wir dann erleben, wie das Publikum vor Bewegung weinte und stampfte.
Eine so starke Reaktion hatten wir nur zweimal zuvor erlebt, in Manila, als wir kurz nach dem Tod des Diktators unseren „Ubu" aufführten und in Athen, als wir nach dem Sturz der Diktatur „Antigone" spielten

Die Geschichte

Der Jüngling Kolumbus schaut in seiner Heimatstadt Genua zusammen mit seinem Freund aus dem Fenster über das Meer hinaus. Sie haben die Reiseschilderungen Marco Polos über Asien gelesen und sind davon und von ihrer eigener Entdeckerlust erfüllt. Kann ein junger Mann ein besseres Ziel haben als die Welt, das Leben entdecken zu wollen? Sie hatten gerade gelernt, daß die Erde nicht flach sondern rund ist. Müßte man Indien nicht auch dann erreichen können, wenn man in westlicher Richtung um die Erde segelte? Enthusiastisch sucht Kolumbus für seine kühnen Gedanken beim spanischen König Ferdinand und seiner Gattin Isabella Unterstützung. Er überzeugt besonders die Königin und bekommt sowohl Schiffe und Besatzung als auch das Geld, das er braucht, allerdings nur geliehen.

Aufbruch ins Unbekannte! Die Reise wird schwer, Stürme und Meuterei bedrohen das Unternehmen. Die Überlebenden erreichen eine Küste, die sie für Indien halten. Die Einwohner nennen sie deshalb Indianer. Sie entdecken blühende Kulturen und unermeßliche Reichtümer. Um seine Schulden zurückzuzahlen, braucht Kolumbus Gold. Da verändert sich sein Charakter. Was er sich nicht friedlich nehmen kann, nimmt er mit Gewalt. Das Resultat ist Krieg und Vernichtung der Urbevölkerung. Da Kolumbus jedoch kein Mörder ist, muß er sein menschliches Scheitern erkennen. In einer Auseinandersetzung mit dem eigenen Gewissen kommt er zur Einsicht, aber es ist zu spät. Die Ereignisse überwältigen ihn. Seine Gewissensplagen wiegen leicht gegenüber den historischen Geschehnissen. Verarmt und gebrochen stirbt er.

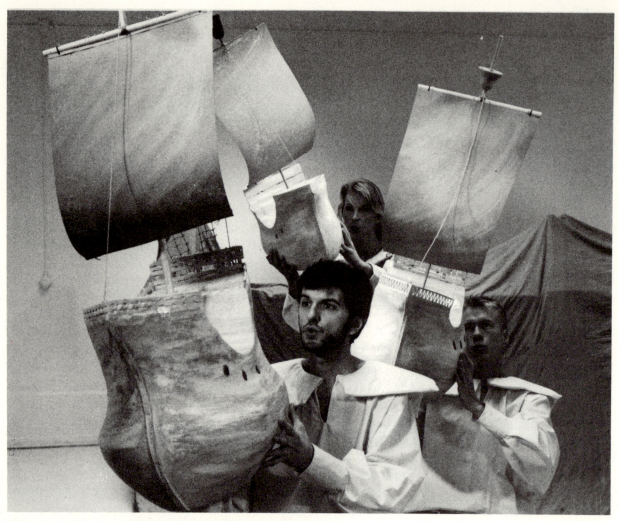

Fahrt über's Meer, aus „Kolumbus' Entdeckungsreise", 1991

Auf der Suche nach dem „reinen Theater" fand ich nach der Erfahrung mit „Don Quichotte" Mut, den Weg äußerster Einfachheit in der ästhetischen Gestaltung weiterzugehen. Ich brauchte keinen Maler mehr für die Bildgestaltung. Die Grundideen kamen wie von selbst: Für das Meer viel blauer Stoff auf dem Fußboden bis in den Zuschauerraum hinaus, ein paar Holzteile für das Schiff Santa Maria im Sturm, drei kleinere Kopien der ursprünglichen Schiffe, die gelegentlich von drei Spielern auf den Schultern „übers Meer" getragen wurden.

Spieler und ein gewaltiger Hintergrund wurden aus ungebleichtem Lakenstoff ausgestattet, alles gleich, alles einfarbig. Die Indianer bauten das Symbol ihrer Geschichte, eine Riesenpyramide, aus gleichfarbigen Kuben, (alle so angefertigt, daß sie - „Schachtel in Schachtel" - ineinander gesteckt werden konnten, um die Transportkosten zu vermindernd!). Die Spieler waren alle auf der Bühne zu sehen. Auf ihren Armen trugen sie große Handpuppen, womit ich zum ersten Mahl seit den sechziger Jahren wieder zu dieser Spielform zurückkam. Die Rollen wanderten je nach Bedarf zwischen dem Spieler und seiner Handpuppe, denn es bedurfte hier der vollen Dynamik beider Ausdrucksmittel, Puppenspiel und Schauspiel, um der Handlung gerecht zu werden. Wenn zum Beispiel Kolumbus mit seinem Gewissen konfrontiert war, sprach der Schauspieler Kolumbus mit einem Handpuppen-Kolumbus. Der Schauspieler stellte die rationale Ebene in Kolumbus dar, während die Handpuppe auf seinem Arm das pochende Gewissen war. In diesem Kampf siegte das Gewissen, das heißt, die Handpuppe beherrschte den Spieler, nicht umgekehrt.

Bisher habe ich über Erfahrungen am MARIONETTEATERN berichtet im Bezug auf das Theaterangebot für Kinder *und* Erwachsene und auf das Prinzip künstlerischer Grenzüberschreiungen als Lebenselixier. Da gibt es einerseits Beispiele von Grenzüberschreitungen zwischen den verschiedenen Spielformen des Puppentheaters, andererseits auch zwischen Puppentheater und anderen Medien. Dabei ging es um Experimente vorwiegend technischer Natur. Doch hat die Technik keine andere Funktion als eine Handlung auf die bestmögliche Weise in ein Erlebnis umzuwandeln. Die beste Aufführung ist die, bei der man alle Technik vergißt.

Trotzdem darf ich als Theatermann und „ganz unter uns und hinter den Kulissen" bekennen, daß es ein großes Vergnügen ist, Technik so frei und experimentell auszunützen, wie ich das beschrieben habe, um die ganze Skala der Ausdrucksmittel im Puppentheater zu beherrschen.

Kolumbus (Hugo Tham) im Dialog mit seiner inneren Stimme (Handpuppe von Michael Meschke), aus „Christoph Kolumbus" 1991,

Indianer bei der Pyramide, aus „Kolumbus' Entdeckungsreise",1991

Für die Spieler eines Ensembles bedeutet das
immer neue Herausforderungen, ständiger Antrieb,
prickelndes Stimulans. Beim Publikum der verschiedensten Ländern und Kulturen erweckt diese
Arbeitshaltung Erwartung und Neugier. Auf diese
Weise wird das Interesse für die Welt des Puppentheaters insgesamt geweckt und gestärkt.

In diesem Jahrhundert hat sich das Puppentheater
für Erwachsene gewaltig weiterentwickelt, aber es
bleibt immer noch und weitgehend allzusehr einem
Spezialpublikum vorbehalten. Da ist es schon fast
eine Ausnahme, wenn es einigen Einzeldarstellern
und Gruppen, wie z. B. dem Bread and Puppet
Theatre, Philippe Genty, Jim Henson, Joan Baixas.
MARIONETTEATERN und einigen anderen
gelang, das „große Theaterpublikum" zu erobern.

Grenzüberschreitungen im Sinne von Erneuerung
ereignen sich aber auch in anderer Form als durch
gemischte Spieltechniken. Wie verhält es sich beispielsweise mit den Traditionen? Harry Kramer hat
sich hier in Bezug auf eine Erneuerungsbewegung
eingesetzt. Gibt es nicht auch Grenzüberschreitungen innerhalb einer einzigen Spieltechnik? Oder
zwischen verschiedenen Gattungen der Bühnenkünste?

Grenzüberschreitungen
innerhalb einer Spieltechnik

Kleist muß die Vorstellung eines traditionellen Marionettentheaters gesehen haben. Zu seiner Zeit gab es wohl kaum Puppentheater, bei denen Grenzüberschreitungen verschiedener Puppenspieltechniken im selben Stück vorkamen. Meine bisher beschriebenen Erfahrungen befassen sich mit solchen Überschreitungen, nicht um sie einfach aufzulisten, sondern um die Gründe und Absichten zu beschreiben, die dazu führen können. In den ersten Jahren des MARIONETTEATERN arbeitete auch ich in der Tradition der Fadenpuppe. Sie war das, was ich gelernt hatte, und sie war meine Vorliebe. Dabei dachte ich immer darüber nach, wie man ihre alte Tradition beleben, erneuern könnte. Die Verantwortung, eine neue Theatergattung einzuführen, war mindestens so groß wie die Erwartungen der Öffentlichkeit. Wie würde das Publikum Stockholms und die Theaterkritiker uns aufnehmen? Der Name des neuen Theaters mußte gut bedacht und das Repertoire geschickt ausgewählt werden. Ich wollte die Aufmerksamkeit, die sich um die Eröffnung herum ergeben würde, dazu ausnutzen, gleich von Anfang an klar machen, daß es hier um eine neue Alternative für das Theater für Erwachsene ging und wählte den schlichten Namen MARIONETTEATERN ohne andere Beigaben, weil dieser Titel in meinen Ohren sowohl seriös als auch verlockend klang. Marionettenspiel ist die schwierigste Form des Puppentheaters, und ich dachte damals nicht daran, jemals anderes Puppentheater zu spielen.

Das Himmelspiel 1958

Als Eröffnungsprogramm wählten wir ein urschwedisches, auf typische Bauernmalerei des 18. Jahrhunderts zurückgreifendes Stück mit dem Namen „Das Spiel vom Weg, der zum Himmel führt" oder „Das Himmelspiel". Ein zeitgenössischer schwedischer Dichter, Rune Lindström, hat es geschrieben, und es wurde jeden Sommer von Laien im Herzen Schwedens, in Leksand in Dalarna, aufgeführt. Das ist die Gegend, wo diese Bauernmalerei sich am stärksten entwickelt hat. Sie schildert biblische Geschichten, entsprechend dem Weltbild, den Gebräuchen und der Kleidung der Zeit um 1850. Die Malerei stellt in naiver Art „große" Menschen groß und „kleine" Menschen klein dar, Gott ist wie ein Pfarrer gekleidet, der Teufel wie ein Schuster, die Engel fliegen zwischen den Kirchtürmen herum, und die Propheten sitzen vor der Sennhütte.

Die Geschichte

Die Sennerin Marit wird von den Dorfrichtern als Hexe verurteilt und verbannt. Ihr untröstlicher Geliebter Mats Erson empört sich und begibt sich auf den Weg zu Gott, um „Wiedergutmachung" zu verlangen. Unterwegs stößt er auf die heiligen Propheten Jonas, Jeremias und Elias, die ihn mit gutem Rat versehen. Dann kommt der Teufel und lockt ihn auf einen Umweg, auf dem er reich werden könne. Das paßt dem Mats gut, und so landet er am Hofe von König Salomon. Da gibt es zu trinken, zu tanzen und schöne Mädchen. Mats vergeudet alles, was er hat, bis er schließlich reuevoll auf dem Totenbett liegt. Da kommt der Engel des Herrn und erlöst ihn. Am Himmelstor sieht er seine geliebte Marit wieder, und Gott läßt ihn in den Himmel ein.

Die Geschichte wird von einem naiven Maler mit Pinsel und Farbe und einer wunderbar altertümlichen Dialektsprache erzählt. Diese Erzählung leitet das Stück ein und schließt es ab. Ein reich bemaltes Bühnenportal zeigte eine untere Bühne, die die Erde darstellte, und eine obere für den Himmel. Wo die Marionetten „im Himmel" spielen, mußten die Fäden hochgezogen werden und im Winkel über dem Arm des Spielers, von hinten statt von oben, geführt werden.
Der Erfolg des Stückes war großartig. So etwas hatte man noch nie gesehen. Die Kombination einer neuen Kunstform mit einem vertrauten, gewohnten schwedischen Thema gab dem MARIONETTEATERN den ersehnten Vorschuß auf die Zukunft. Der Vertrag mit der Stadt wurde um ein Jahr verlängert.

Das Überschreiten einer Grenze beschränkt sich bei diesem ersten Stück auf die neue Präsentation des Stoffes, unsere Spielweise war aber gepflegt traditionell.

Hoffmanns Erzählungen 1959

Das zweite Jahr begann mit einer mutigeren Gestaltung des Bühnenraumes. Wir spielten „Hoffmanns Erzählungen" in eigener Bearbeitung. Hoffmanns Novellen wurden mit nur sparsamen musikalischen Elementen aus der Operette von Offenbach angereichert. Die Handlung sollte mehr von der dramatischen Skurrilität des Autors zeigen als es die Operette tat. Die Bühne war ganz mit schwarzem Tuch bedeckt. Durch dieses Tuch hindurch konnten wir verschiedene weitere Bühnenräume für die einzelnen Handlungsorte der Geschichte „erleuchten". Dafür gab es runde und rechteckige Ausschnitte.

Die Geschichte

Der Dichter Hoffmann sitzt an einem kleinen Schreibtisch auf einer Nebenbühne und kann keinen rechten Anfang finden, das zu schreiben, was er schreiben möchte. Dunkle Erinnerungen stören seine Konzentration. Namen tauchen auf, Bilder von Frauen, von unglücklicher Liebe.

Zuerst erscheint ein merkwürdiger Augenverkäufer, Doktor Coppelius. Er kennt den Wissenschaftler Doktor Spalanzani, der eine wunderbare Tochter hat. Coppelius führt Hoffmann in das Haus Spalanzanis, in dem gerade ein Ball beginnt. Hoff-

Dr. Mirakel, Marionette von Michael Meschke, aus „Hoffmann's Erzählungen", 1959

105

mann entdeckt die wohlerzogene, aber etwas un-
zugängliche Olympia, tanzt mit ihr, verliebt sich in
sie. Der böse Geist des Coppelius enthüllt die
Wahrheit: Olympia ist künstlich, eine Puppe, ein
Automat. Gerade wie Hoffmann sie umarmen will,
explodiert die Dame, Metallfedern und Rauch
fahren mit Schrauben und Nägeln aus ihrem Kopf.
Hoffmann ist „am Boden zerstört", Doktor Coppelius triumphiert.

Danach kommt Hoffmann nach Venedig. In den
dunklen, gefährlichen Kanälen taucht Herr
Dappertutto (Herr Überall) auf und bringt ihn
dazu, die Kurtisane Giulietta zu besuchen. Sie
empfängt ihn in einem liebesrotem verführerischen
Kleid, erotisch verlockend auf dem Diwan ausge-
streckt. Hoffmann ist drauf·dran, die Leidenschaft einer wilden Liebe zu erleben. Da wird er
von Dappertuttos Kumpanen niedergeschlagen.
Immer tiefer versinkt er in den Schmerz der
Enttäuschungen.

Im dritten Abenteuer begegnet Hoffmann der
Opernsängerin Antonia. Im Frieden ihres Heimes
entstehen schöne Töne, wohlige Harmonien,
Hoffmann am Flügel, Antonia singt. Aber ihr
Vater unterbricht die beiden. Antonia darf auf
keinen Fall singen, denn sie leidet an einer
Krankheit, an der ihre Mutter, ebenfalls Sängerin,
mitten im Gesang gestorben ist. Doch zu spät. Die
Töne fließen, Hoffmann begleitet Antonia in
verliebter Ekstase. Da stirbt Antonia mit dem
hohen C im Halse.

Diese reizende Tragödie hätte leicht komisch werden können. Sie wurde es nicht, und ich glaube es
lag daran, daß wir mit großem Ernst und Erfin-
dungsreichtum vorgingen. Das Stück ist ein
Musterbeispiel für das Lebensgefühl der Romantik. Als solches mußte es voll und ganz gesehen
und in all seinen Nuancen ausgespielt werden.

Olympia, Marionette von Michael Meschke, aus
„Hoffmann's Erzählungen", 1959

Deshalb war jede Sentimentalität zu meiden. Diese
Arbeit bedeutete für uns eine Grenzüberschreitung,
sowohl für den Inhalt wie auch für die Form: Ein
unerwartetes Thema und gleichzeitig der Anfang
einer Auflösung des gewohnten Bühnenraumes.

In diesen Zusammenhang gehört die folgende
„tragische" Erinnerung. Die Köpfe der Marionetten
waren aus Ton. So hängen sie immer noch in dem
Museum, das als Fortsetzung, als Anschluß an die
Theaterarbeit aufgebaut wurde. Daß die Köpfe aus
Ton waren, hatte zwei Gründe. Erstens aus Zeit-
mangel: Gleich nach dem Start des MARIONET-
TEATERN begannen wir tagsüber Kindervorstel-

lungen zu spielen, oft zwei hintereinander, so groß war die Nachfrage (damals gab es noch kein anderes Kindertheater in Stockholm). Abends mußte die Erwachsenvorstellung laufen. Wir hatten nicht genug Zeit, Köpfe zu kaschieren. Der zweite und wichtigere Grund war ein künstlerischer. Ich wollte die überhitzten Züge der Menschen der Romantik festhalten, ohne aber Karikaturen zu machen. Ton ist immer - schon seit der Schulzeit - mein Material gewesen. Er gibt die Möglichkeit, jede Form, jeden Ausdruck „in Weichheit" zu gestalten. Holz bietet Widerstand, stellt eine Härte dar, die mir nicht liegt. Wenn ein Kopf aus Ton mit Papiermaché bedeckt wird, verschwinden jedoch leicht Einzelheiten im Ausdruck, besonders die scharfen Züge, wie ich sie hier brauchte. Deshalb wagten wir das Risiko, die empfindlichen Tonköpfe für die fertigen Marionetten zu behalten, ohne sie zu kaschieren. *Wie* empfindlich sie sind, erfuhren wir 1960 beim Festival in Braunschweig. Ich kam als Schüler Siegels mit einem anspruchsvollem Programm. Es gab sowohl Skepsis als auch wohlwollende Erwartung. Die Vorstellung lief gut. Die Marionetten verbeugten sich. Da mußten sich auch die Puppenspieler auf der Brücke nach vorne lehnen. Sechs Spieler auf einmal. Die gesamte Bühne mit Marionetten, Spielern und Brücke krachte nach vorne, weil eine Sicherheitsschraube am Fußboden fehlte..Wie betäubt lagen wir zu Füßen der erschrockenen Zuschauer in einer Wolke von Tonsplittern, Rauch und zerbrochenen Kulissen. Überzeugt, daß damit meine gerade begonnene Karriere nun beendet sei, nahm ich kaum wahr, daß der Applaus nicht aufhören wollte. Noch Jahre später hatte einer aus dem Publikum, der Publizist und Puppentheaterenthusiast, Dr. Purschke, Spaß daran, die Geschichte überall zu erzählen. Er hatte immerhin die Güte, hinzuzufügen, daß solch ein Finale zum skurrilen Geiste E.T.A. Hoffmanns wie genial ausgedacht schien!

Auch die zahlreichen Kinderstücke spielten wir mit Marionetten. Aber auf Dauer war es nicht möglich, genug Zeit für die Herstellung von Marionetten aufzubringen. Der Produktionsdruck war enorm. Ich wußte ja nicht, worauf ich mich einließ, als ich 1958 die Verantwortung für ein festes, täglich spielendes, Theater übernahm. Dies war der wichtigste Grund, sich anderen Spieltechniken zuzuwenden, mit denen man schneller produzieren konnte. Wir verwendeten in den nächsten Jahren vorwiegend Stabfiguren. Nur einige Puppenspiele von Selma Lagerlöf wurden mit Handpuppen gestaltet.

Der Prinz von Homburg 1962

Für Kleists „Der Prinz von Homburg" schuf ich meterhohe Figuren. Das Stück stellte eine faszinierende Aufgabe dar. Es spielt in der Barockzeit, ist aber in der Romantik geschrieben, also zwei nach Lebensform und Weltanschauung entgegensetzte Welten! Der Barockmensch steht fest und breitbeinig auf dem Boden. Er ist sich selbst genug. Der Romantiker strebt vom Boden weg in Traum, Phantasie und Gefühle. Schon beim Anblick der Figuren sollte man diesen Gegensatz spüren. Die Stabfiguren wurden mit „schweren" Perücken, romantisch dünnen, flatternden Hemden und derben Stiefeln versehen: Leichtigkeit und Schwere. Die Köpfe waren extra klein, damit die Körper noch „mächtiger" wirken sollte. Die Figuren durften deswegen aber nicht wirklich schwer sein. Ich lernte früh, daß man hohes Gewicht bei Puppen meiden muß. Die Energie des Spielers muß sich ganz auf die Interpretation ausrichten und soll deshalb nicht durch die unnötige Anwendung von Muskelkraft verschwendet werden. So bekamen die Figuren federleichte Aluminiumskelette und sehr dünne Stäbe. Die Stabtechnik paßte zu dem Charakter des Stückes wie angegossen. Die Figuren erhielten so die Würde, die Steifheit des Stolzes, die der Noblesse und Sprödigkeit in Kleists Stück entsprechen. Solche Stabfiguren hatte ich noch nicht gesehen, aber unbewußt war ich vielleicht von Richard Teschners subtilen Figuren, von denen ich Abbildungen kannte, inspiriert worden.

In diesem Stück experimentierten wir weiter mit dem Bühnenraum. Die zehn Meter breite Bühnenöffnung war nach unten hin abgedeckt, um die Spieler zu verbergen. Aber diese so verlorene Spielfläche wurde für besondere Szenen und für „Nahaufnahmen" genutzt. Der Film steht mir eigentlich seit Kindesbeinen näher als das Schauspiel. Ich sah mehr Filme als Theater. Mir wurde oft nachgesagt, daß meine Inszenierungen von einem „cineastischen Bilddenken" gekennzeichnet seien. Im „Prinz von Homburg" war dieses Denken ganz bewußt. Im Film gibt es Nahaufnahmen, im Puppentheater dagegen bleiben die kleinen Puppengesichter weit entfernt. Aber man kann ja auch Köpfe / Gesichter einfach größer machen. Das habe ich bei Bedarf auch getan, aber dies scheint mir ein allzu leichter Weg zu sein. Große Dimensionen bringen auf der anderen Seite auch neue, vielleicht unerwünschte Wirkungen mit sich, z. B. die des Grotesken. Könnte man diesen Nachteil nicht vermeiden und trotzdem die kleinen Köpfe im „Prinz von Homburg", ähnlich wie bei der Filmkamera, vergrößern? Ist nicht auf der Bühne alles relativ, vor allem die Größenverhältnisse? Jede Dimension hängt von den sie umgebenden Proportionen ab. Wenn man einen Kopf durch reduzierte Beleuchtung und einen kleineren Raum isoliert, dann müßte er doch mehr hervorgehoben wirken als auf „großer Bühne". So versuchten wir es: Wir sahen für den unteren Teil der Bühne verschiedene Ausschnitte vor, in denen man nur die Schultern und den Kopf einer Figur sah.

Auch sprachlich kann man „Nahbilder" schaffen, indem man mit der Stimme näher kommt, z. B. leiser wird. Die Tonbandtechnik, mit der wir damals arbeiteten, erlaubt solche Effekte.
Bei diesem Stück arbeitete ich zum ersten Mal „quer durch die Disziplinen". Wenn auch kein richtiger Film in „Prinz von Homburg" gezeigt wurde, so war doch die Regie vom filmischen Denken durchdrungen, das heißt, soweit es die Ästhetik der Inszenierung erlaubte.

Die Geschichte

Der Kurfürst zu Brandenburg ist dabei, einen ersten Rechtsstaat zu errichten. Es gibt einen äußeren Feind, die Schweden. Am Vorabend der Schlacht von Fehrbellin (1632) herrscht Ruhe im kurfüstlichen Palast. In seinem Garten sitzt der Prinz von Homburg in Träumereien versunken. Der Kurfürst ist auf Spaß aus. Mit seiner Frau und der Nichte Prinzessin Nathalie, auch Homburgs Freund Hohenzollern ist dabei, beobachten sie den Prinzen. Die Gesellschaft kommt dicht an den jungen Mann heran, um ihm eine Illusion vorzutäuschen. Zwischen Traum und Wirklichkeit erblickt der Prinz Nathalie, die er heimlich liebt. Wie er das aussprechen will, wird die Situation zu „nah", die Gesellschaft muß sich rasch wieder entfernen. Aber der Prinz findet einen Handschuh auf dem Boden. Am nächsten morgen hört der Prinz nur ganz zerstreut zu, als die Befehle zur Schlacht erteilt werden. Die Schlacht beginnt. Homburg entdeckt plötzlich eine Schwachstelle in der schwedischen Armee, ergreift die Chance und besiegt sie - gegen jede Planung, auch gegen seine Order. Triumphierend kehrt er mit seinen erfolgreichen Kriegern mit wehenden Fahnentrophäen zurück, aber er wird kalt empfangen. Der Kurfürst rast, denn Homburg hat die Order nicht befolgt. Gehorsam - unabhängig von Rang und Namen - ist

Probe zu „Der Prinz von Homburg", Buenos Aires, 1988

absolute Pflicht. Im Rechtsstaat ist jeder vor dem Gesetz gleich. Der Kurfürst muß konsequent sein. Homburg muß bestraft werden, er wird ins Gefängnis geworfen. Ihn erwartet das Kriegsgericht. Alle sorgen sich um sein Schicksal, denn ihm droht die Todesstrafe. Die Kurfürstin, Nathalie und die Freunde versuchen, den Kurfürsten umzustimmen - vergebens. Nathalie besucht Homburg im Gefängnis und überredet ihn, sich zu demütigen, seine Schuld zu bekennen und um Gnade zu bitten. Es kommt zur Konfrontation zwischen dem Kurfürsten und dem Prinzen von Homburg: Hat Homburg ein reines Gewissen? Hat er das Gesetz gebrochen? Wenn er es wirklich wolle, so der Kurfürst, könne er begna-digt werden. Homburg fühlt sich in die Ecke gedrängt. Er weiß, daß er nicht um Gnade bitten kann, ohne seine eigenen Ideale preiszugeben. Seine Soldatenfreunde drohen mit Aufruhr. Da hat Homburg schon auf die Begnadigung verzichtet und ist bereit, zu sterben. Endlich sieht der Kurfürst ein, daß auch er durch seinen Scherz im Hofgarten dazu beitrug, Homburg zu verwirren, daß er also mitschuldig ist. Homburg ist gerettet.

Dies ist nur ein Teil der Geschichte. Beim Austeilen der Order kam Nathalie vorbei. Homburg hatte den bereits aufgehobenen Handschuh wieder auf den Boden geworfen und Nathalie gefragt, ob er ihr gehöre. Wie sie ja sagt, weiß Homburg, daß er am Vorabend *nicht* geträumt hatte, daß Nathalie wirklich bei ihm gewesen war und ihn liebt. All diese Verwicklung hatte der Kurfürst mit seinem „spaßigen" Einfall verursacht. Er muß einsehen, daß auch er und seine Prinzipien nicht frei von Fehlern sind, daß er vielleicht sogar die Ursache zu Homburgs Unaufmerksamkeit war. So endet das Stück mit der Einsicht des Kurfürsten in seine eigene Verantwortung. Das gute Ende wird mit Siegesgeschrei besiegelt: „Nieder mit allen Feinden Brandenburgs".

Diesen Schluß habe ich aus begreiflichen Gründen weggelassen. Mich interessierte am Stück der Sieg von Menschlichkeit, Toleranz und Liebe, nicht der des Militärs. Die Kritiker waren außerordentlich erstaunt, daß wir dieses alte Ideendrama auf die Puppenbühne brachten. Es ist in Schweden fast unbekannt. Noch mehr staunte man über die Fähigkeit des Puppentheaters, eine komplizierte Philosophie zu behandeln, ohne daß daraus langweiliges Sprechtheater werden muß. An visuell interessanten, dramatischen Geschehnissen mangelte es nicht. Auch die Szenographie trug dazu bei. Sie stammte von Staffan Westerberg, der später ein bedeutender Puppenspieler werden sollte. Massive, schwarz-goldene Mauerfragmente, Treppen, Balustraden . . . Am schwersten schien es mir, reine Kriegsszenen zu gestalten. Dabei besteht immer die Gefahr, daß solche Szenen ästhetisch schön werden, was auf keinen Fall geschehen darf. Krieg ist zu ernst für die Bühne. Hier kamen Objekte zu Hilfe. Statt Soldaten nur Elemente des Krieges, die man über den Köpfen der sterbenden Soldaten wahrnimmt: Rauchwolken, Waffen, Fahnen. Wir stellten große Fahnen in verschiedenen Zustandsarten her - von neuen und heilen bis zu zerschossenen und dreckigen. Sie wurden nacheinander in immer langsamerem Rhythmus über die große Bühne gefegt. Ein starker Beitrag zur Bühnenwirksamkeit war die Originalmusik von Maurice Jarre. Ich erinnerte mich an sie von Jean Vilars Inszenierung des „Prinz von Homburg" her. Da hatte ich Jarre auch kennengelernt und bekam die Genehmigung, sie wieder zu verwenden. Sie gehört zur besten Theatermusik, die ich kenne.

Der gute Mensch von Sezuan 1963

Berthold Brechts Personengalerie erforderte andere Stabpuppen als in „Der Prinz von Homburg". Hier schien mir die besondere Nähe und Lebhaftigkeit von Handpuppen nötig. Ich baute eine Kombination der beiden Techniken: Stabpuppengelenk für Kopf und Schulter, aber ganz kurze Stäbe, so daß die Hand des Spielers bis zum Puppenkopf reicht und man ihn ebenso lebhaft wie bei der Handpuppe bewegen kann. Ich habe schon Brechts Einstellung zum Puppentheater erwähnt, aber wie sollte ich im Puppentheater seine Verfremdungsdoktrin umsetzen? Sie bedeutet, vereinfacht ausgedrückt, daß der Zuschauer gehalten sei, nicht die Illusion des Theaters über die Wirklichkeit zu stellen. Das Theater sollte kein Ort der Flucht sein, sondern dazu auffordern, die Gesellschaft zu verändern. Deshalb mußte der Zuschauer ab und zu daran erinnert werden, daß die Wirklichkeit nicht in der Bühnenillusion zu sehen ist sondern draußen im Leben. Um das zu erreichen, schuf Brecht Effekte, die das totale Einleben in die Handlung unterbrechen, verfremden sollen. Sie wird z.B. durch Lieder unterbrochen, oder sie kann plötzlich ganz aufhören. Die Schauspieler gehen nach vorne an die Rampe, deklamieren eine Moralität vor, um dann wieder zurückzutreten um mit der eigentlichen Handlung fortzufahren. Wenn aber die Puppe selbst schon eine so deutliche Verfremdung ist, wie Brecht es bestätigt hatte, kann man nicht zusätzlich noch einen weiteren Verfremdungseffekt verwenden, ohne dem Stück zu schaden. Die Puppen selbst waren unser Verfremdungseffekt.

Die Geschichte

Drei Götter steigen auf die Erde nieder, um zu schauen, ob es noch gute Menschen gibt. Sie finden keine außer der Hure Shen Te, die den Göttern ihr einziges Zimmer zum Übernachten anbietet. Hocherfreut, daß sie wenigstens ein lebendes Beispiel gefunden haben, hauen die Götter ab. Vorher hinterlassen sie in aller Heimlichkeit, um nicht mißverstanden zu werden, eine kleine finanzielle Hilfe. Kaum gelingt es Shen Te, damit einen kleinen Laden zu eröffnen, da tauchen lauter arme Verwandte auf, um von ihr zu profitieren.
Sie versucht weiter gut zu sein, aber die Mittel schrumpfen. Da erfindet sie sich einen Vetter, Shui Ta, als den sie sich „verkleidet". Der Vetter ist scharf und unbarmherzig. Er verjagt die Profitsüchtigen. Ein arbeitsloser Pilot wirbt um die Liebe von Shen Te. Im Regen träumen sie zusammen; er träumt davon, Arbeit in Peking zu finden - sie von Heirat. Sie hilft dem Piloten, aber er verläßt sie. Um aus ihren Schulden und Sorgen her-

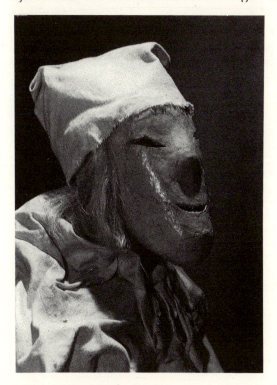

Figur von Michael Meschke aus
„Der gute Mensch von Sezuan", 1963

Figuren von Michael Meschke aus „Der gute Mensch von Sezuan", 1963

auszukommen, will Shen Te den reichen Dorfbarbier heiraten. Auch das scheitert. Es sieht immer düsterer aus für sie. Da kommen die Götter zurück, aber nicht um Shen Te zu retten, sondern um dem irdischen Gericht beizuwohnen, das Shen Te wegen ihrer Schuld verurteilen soll. Wie es darum geht, Verantwortung zu übernehmen, verabschieden sich die Götter höflich. Die Frage, wie es weitergeht, bleibt offen, d. h. dem Zuschauer überlassen.

Diese Inszenierung war also einheitlich auf eine Puppenart hin ausgerichtet. Grundlage für das

Bühnenbild und damit die Aktionsflächen waren mit Tusche gemalte Bilder, die fotografiert und vergrößert wurden. Das ergab einen Kontrast zwischen den plastischen gestalteten Figuren und der zweidimensionalen „flachen" Szenographie. Auch Fenster und Türen waren Spielorte, so daß die Figuren sich gewissermaßen „in Fotografien" bewegten.

Der „Witz", das Freche dieses Unternehmens, die eigentliche Grenzüberschreitung, bestand wohl hauptsächlich darin, daß Brecht auf die Puppenbühne kam.

Später sollte ich auch „Die Dreigroschenoper" machen, zwar mit anderen Mitteln, mit Schauspielern in Kopf- bzw. Körpermasken, zusammen mit zwei- und dreidimensionalen Figuren von Franciszka Themerson. Der Vorschlag, die Dreigroschenoper zu bringen, kam von unserem amerikanischen Agenten. Eine sehr erfolgreiche Inszenierung auf dem Broadway in New York war gerade zu Ende gegangen. Lotte Lenya hatte die Seeräuber-Jenny gespielt. Der Agent meinte, wir sollten auf den Wellen dieses Erfolges eine Dreigroschenoper „ganz anders", d. h. mit Puppen, bringen. Das war im Jahr 1966. Ein kleines Puppentheater debütierte im berühmten Billy Rose Theatre in der zweiundvierzigsten Straße, Broadway, New York, Amerika und hielt sich vier Wochen dort. Das mußte einfach zur Geschichte des Puppentheaters im 20. Jahrhundert gehören. Wenn das keine Grenzüberschreitung ist!

Nach diesen Beispielen von Grenzüberschreitungen mit typisch westlichen Perspektiven in Bezug auf Inhalt und Spielform, machen wir jetzt einen großen Umweg über Japan. Damit kommen wir zu meinem letzten Beispiel in dieser Rubrik.

Antigone 1977

Ja, Sie haben richtig gelesen, wir müssen wegen Antigone nach Japan. Umweg ist auch nicht das rechte Wort. Man kann Japan nicht als Umweg besuchen. Japan ist für den Puppenspieler eine Hauptsache. Die Vorgeschichte dieses „Umweges" ist so absurd, daß ich sie dem Leser nicht vorenthalten möchte. Sie verdient sogar eine eigene Überschrift, nämlich:

Vorgeschichte:
Wie man weltberühmt wird,
„ohne sich anzustrengen"

Die Stadt Zürich lud uns 1974 zu einem Gastspiel mit „Joaquin Murieta" ein. Die Stadt Zürich ist auch Aktienbesitzer der Fluggesellschaft Swissair. Wir flogen also mit der Swissair nach Zürich. Kurz darauf rief man mich vom stockholmer Swissair-Büro an. Es sollte eine direkte Fluglinie Zürich-Tokyo-Zürich eröffnet werden. Zum Einweihungsflug wollte man potentielle, zukünftige Kunden einladen. Das MARIONETTEATERN reise doch in der ganzen Welt herum, wäre ich nicht daran interessiert? Jawohl, ich wäre schon interessiert, aber unter welchen Bedingungen . . ? Die einzige Bedingung war, ich müßte an dem Tage des Einweihungsfluges auf dem Flugplatz in Tokyo sein. Aber wie sollte ich denn nach Tokyo kommen? Egal wie, ich könnte jeden Flug der Swissair nach Asien dafür benutzen. Was gab es denn für Asienflüge? Man zählte mir die Städte auf. Also gut, dann möchte ich die folgende Strecke nach Tokyo fliegen: Zürich-Bombay-Delhi-Bangkok-Jakarta-Hongkong-Tokyo. No problem! Aber, fügte ich hinzu, ich brauche in jeder Stadt 24 Stunden Aufenthalt, „um mich umzusehen". No Problem! So kam es. Aber statt mich umzusehen, stürzte ich mich nach jeder

Ankunft sofort aufs nächste Telefonbuch, um herauszufinden, ob es in dieser Stadt ein deutsches Goethe-Institut oder die Alliance Française gab. Ich wußte, daß diese Institutionen in Asien eine lebhafte Kulturpolitik betreiben. So rannte ich in jeder Stadt von einem zum anderen mit der folgenden Erklärung: Das MARIONETTEATERN aus Stockholm wird ein Gastspiel in Tokyo geben. Das Programm ist „Der kleine Prinz" von Saint Exupéry. Es wird in französischer Sprache gespielt. Wir fliegen über Ihre Stadt. Könnten wir nicht auch bei Ihnen spielen, umsonst natürlich, wenn Sie nur die lokalen Kosten tragen? Die Antworten waren überall positiv: Na, wenn Sie schon durchreisen . . . In Tokyo angelangt, mußte ich allerdings noch „eine andere Schleife ziehen", denn von Gastspiel war dort nie die Rede gewesen. Nun aber konnte ich sagen: Wir spielen in ganz Asien. Könnten Sie uns nicht auch in Tokyo für ein Gastspiel empfangen? Kurz und gut, als ich den Einweihungsflug mit meiner erstklassigen Anwesenheit, also meiner Anwesenheit in der erster Klasse geehrt hatte und wieder zurück in Stockholm war, hatte ich eine Asientournee in der Tasche. Das war das erste Mal, daß ein schwedisches Theater „eingeladen" war, und daß die sprachlosen schwedischen Behörden auch gleich die Reisekosten deckten, deren Rechnungen bei der Swissair landeten. Ende der Vorgeschichte.

Ich war von Asien begeistert. Auch wenige Stunden reichten, um mir zu zeigen, daß es sich hier um etwas handelte, das mein Leben verändern würde. Es war fast wie ein Nach-Hause-kommen. Schließlich hatte ich von Kindheit an asiatische Impulse bekommen und mich als Erwachsener jahrzehntelang danach gesehnt, einmal dort hin zukommen. Die „Lebensveränderung" fing auch gleich an dem Abend an, als ich zum ersten Mal im Bunrakutheater in Osaka saß. Vor meinen

Augen spielte sich der „Doppelte Selbstmord" von Chikamatsu ab. Da ging es wie eine Hitzewelle vor Aufregung durch meinen Körper. Ein Wort stand vor meinen Augen: „Antigone"!

Diese Tragödie von Sophokles liebte ich seit meiner Jugend als eines der stärksten Stücke der Theatergeschichte. „Antigone" verliert nie an Aktualität, denn jede Generation hat ihre Antigone, das heißt einen Moment, wo der Idealismus stark ist und zu großen Taten führen kann, wo das Gewissen den Menschen vor allen anderen Rücksichtnahmen leitet. Ich wäre nie auf die Idee gekommen, Antigone mit Puppen aufzuführen, denn diese gewaltigen Gefühle, diese hitzigen Auseinandersetzungen, diese leidenschaftlichen Ausbrüche, die diese Tragödie beherrschen, könnte keine Figur besser ausdrücken als lebende Schauspieler. Aber hier in Osaka war die unbegrenzte, totale Dynamik vorhanden, die ich in traditionellen europäischen Spielformen nicht gefunden hatte. Mit Dynamik verstehe ich die Möglichkeit, menschliche Muskelenergie *direkt* auf die Puppe zu übertragen, ohne Mittler zwischen dem Willen des Spielers und dem Resultat in der Puppe, ohne Fäden, Stäbe oder andere Mechaniken, die diese Energie umlenken und schwächen. (Man könnte hier einwenden, daß das Handpuppentheater doch diese Dynamik besitzt. Einverstanden. Nur haben die Handpuppen dafür andere Beschränkungen spieltechnischer Art.)

Die Bunrakuspieler halten die Glieder der Puppe direkt in ihren Händen. Keine Energie geht verloren. Diese technische Seite war nur eine Beobachtung „nebenbei". Das Überwältigendste ist das Spiel selbst, die stilvollen Bewegungen, die deutliche Charakterisierung der Rollen durch Bewegung, die Konzentration der Spieler, das harmonische Zusammenspiel von Puppen, Samishenmusik und der Rezitation des Jorurisängers, der alle Stim-

men auf einer Seitenbühne produziert, kurz das Erlebnis eines restlos in sich geschlossenen, totalen Kunstwerkes. Die Vorstellung war noch nicht zu Ende, da beschrieb ich das einzig vorhandene Papier, das Programmheft, kreuz und quer mit Notizen für Antigone. Es stand mir klar vor Augen, daß Antigone in dieser Form gestaltet werden könnte, und ich wußte teilweise auch schon wie. Die Einfälle quollen nur so. Selten war ich so sicher und ungeduldig und dachte in meinem Enthusiasmus nicht an Hindernisse.

Ich sollte es bald besser wissen. Zu Hause waren nicht alle Mitglieder des Ensembles für antike Tragödien zu begeistern, noch weniger für eine

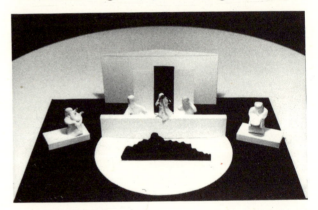

Szenenmodell zu „Antigone", 1977

unbekannte, „fremdländische" Spielform. Zeichen einer Vertrauenskrise meldeten sich an. Ich mußte erst mal Veränderungen im Ensemble abwarten. Aber die größte Schwierigkeit lag auf anderer Ebene. Erstens war schnell einzusehen, daß die Kunst des Bunraku *schwer* ist, und zwar sehr schwer. Zweitens „klaut" man nicht einfach eine Technik aus einer fremden Kultur. Und überhaupt, wer meint, Bunraku sei eine Technik und nichts anderes, zeigt Unkenntnis und Respektlosigkeit. Es geht hier um ein hohes Kulturgut, das für den

Umgang mit ihm Achtung und große Kenntnisse erfordert. So mußte ich noch einige Jahre warten. Inzwischen folgten Tourneen nach Asien, und daraus wiederum resultierenden Kontakte, Beziehungen und schließlich Freundschaften. Wer Achtung und Respekt zeigt, dem strömt viel Großzügigkeit zurück. So kam es, daß der Meister Minosuke Yoshida vom Theater Osaka bereit war, als erster Bunrakuspieler im Westen seine Kunst weiterzugeben und zwar am MARIONETTEATERN in Stockholm. Inzwischen hatte ich dort eine Schule für Puppenspieler gegründet und verfügte dadurch über zwölf dankbare Schüler, mit mir selbst dreizehn. Wir hatten nun einige Wochen lang das Privileg, direkt aus Meisterhand Bunrakutechnik zu lernen. Das heißt, soviel wie man aufschnappen kann von einer Kunst, die in Japan traditionell eine zehnjährige Ausbildung erfordert. So war es allerdings nicht immer. Auf einer „Pilgerreise" zu der Insel Awaji erforschte ich den Ursprung der Bunraku-Tradition. Sie wird noch heute dort von einer Laiengruppe gepflegt, deren Vertreter mir erzählte, daß ein gewisser Herrn Bunraku sie entwickelt habe zur anregenden Beschäftigung der Bauern während der Winterzeit. Männer, Frauen und Kinder spielten zusammen und zwar so erfolgreich, daß man sich auf die größeren Inseln begab. So soll der große Dichter Chikamatsu herumreisende Bunrakuspieler getroffen haben, was bei ihm den Anstoß gab, seine dramatischen Werke zu schreiben. Die Kunst des Bunraku hat sich also vom Volkstheater her entwickelt. Heute wird sie nur von Männern ausgeübt. Auf Awaji versucht man, die populäre Form auf Laienebene zu bewahren und akzeptiert auch weibliche Jorurisänger.

Man kann eine so eigenständige und eigenartige Puppenspielkunst wie Bunraku nicht einfach imitieren oder in unsere westliche Streßwelt integrieren. Ein Prozeß des Umschmelzens ist nötig. Bei der Arbeit an „Antigone" ging die Transformation folgendermaßen vor sich: Ein Teil der Anziehungskraft, die von Bunrakupuppen ausgeht, ist ihre scheinbare Erdgebundenheit. Sie stehen und gehen fest mit beiden Beinen auf der Erde. Dabei ist die „Erde" nur eine schmale niedrige Holzwand, auf der sie Halt bekommen. Das hindert die Figuren nicht daran, den Boden zu verlassen, ohne an Erdgebundenheit zu verlieren, um unbekümmert frei im leeren Raum weiterzugehen.

Die Puppen, besonders die prachtvollen Samuraikrieger in Rüstung, wiegen einige Kilo. Ich hingegen wollte unbedingt das Gewicht der Figuren für

Antigone, Figur von Michael Meschke aus „Antigone", 1977

Antigone reduzieren. Sie wurden aus dem leichtesten Material gebaut, auch wenn sie, wie zum Beispiel König Kreon massiv und schwer aussahen. Dies hat jedoch Konsequenzen für die Manipulation: Gegen ihre Leichtigkeit mußten wir künstlich Schwere darstellen. Wichtiger noch war die Anpassung bestimmter japanischer Bewegungsformen an europäisches Verhalten. Es gibt in Japan eine Bühnensprache für Körperbewegung, die man auch bei Bunraku anwendet. Wir würden „Stilisierung" dazu sagen. Die Figuren sind typisiert: Es gibt, was Aussehen und Verhalten betrifft, eine Skala von Übereinkünften für die tragenden Rollen, z. B. junge Frau, junger Held, reife Frau, reifer Mann, alter Mann, blinder Mann, Samurai, Dämon usw. Die Puppen bestehen aus Köpfen und aus Stoff-Skeletten, an denen locker hängend Arme und Beine befestigt sind. Je nach Rolle und Situation werden diese Puppen mit Kostümen bekleidet. Die Bewegungsübungen, besonders das Gehen, werden ohne Bekleidung der Puppen geübt. Für die verschiedenen Typen gelten bestimmte Bewegungsregel. Wie bei den beiden anderen klassischen Theatergattungen Japans, dem Nô-Theater und dem Kabuki-Theater, haben alte Traditionen eine Bewegungssprache geschaffen, die jeder wiedererkennt. Auf der europäischen Bühne wäre diese Bewegungssprache ebenso unmöglich, wie sie den modernen Japaner auf der Straße erstaunen würde. Auch da stehen Kunst und Verkünstlung gegen Wirklichkeit und Naturalismus. Die künstlerischen Traditionen leben ihr eigenes Leben, Seite an Seite mit der futuristischen Technologie des modernen Japan. Meister Yoshida hat die klassischen Bewegungen gezeigt und sie von jedem Schüler üben lassen, beispielsweise den komplizierten Gang von Männern: Das erinnert den Europäer irgendwie an X-Beinigkeit und wirkt komisch. Bei einem rasenden Krieger gerät der selbe Gang zum Ausdruck von Wut und Kraft. Bei König Kreon oder einem Krieger in „Antigone"

würde eine solche Art zu gehen, komisch wirken. Nach dem Unterricht Yoshidas haben wir versucht, die „japanischen Bewegungen" auf unsere Verhältnisse zu übertragen, indem wir sie dämpften.

Die japanischen Puppen tragen meist Gewänder, die bis auf die Füße reichen. Die Beine sind also bedeckt. Bei Frauen kommen überhaupt keine Beine vor. Das Gehen wird mit dem Kimono gestaltet. In unserem Stück gab es nackte Beine bei Männern wie Hämon (Kreons Sohn) und den Soldaten. Antigone und ihre Schwester Ismene trugen hauchdünne Röcke, durch die man die Beine sah. Die Beinbewegungen wurden dadurch komplizierter, aber man sollte sie sehen können.

Die größte Herausforderung ist die Koordinierung der Bewegungen aller drei Spieler, die eine Puppe führen. Wir Europäer sind weder gewohnt, noch besonders geneigt, uns zu unterzuordnen, sozusagen unser „ich" verschwinden zu lassen. Bunraku fordert von den drei Spielern, daß sie praktisch gemeinsam atmen. Jede individualistische Abweichung würde die Illusion, die die Puppe hervorruft, stören. Diese Art von Disziplin kennen wir ganz allgemein von der japanischen Gesellschaft, sie ist geradezu Bedingung, damit so viele Menschen auf so kleiner Fläche zusammen leben können. Wir erfuhren diese enge Zusammenarbeit von Individuen, die je nach Eigenart der Person ganz verschieden ausfiel und tauschten während der Proben mehrmals die Spieler untereinander aus, bis die beste Konstellation gefunden war.

Die Ausübung von Bunraku geht hierarchisch vor sich. Geschick und Erfahrung stehen hoch im Kurs, niemand stellt das größere Können eines anderen in Frage. Bei uns hingegen brauchte es Zeit und Einsicht, bevor jemand verstand, daß die Aufgabe „nur" eine Hand oder einen Fuß zu bewegen, für das Leben der Figur ebenso wichtig ist,

wie den Kopf zu führen. Eine „demokratische" Haltung wäre hier unmöglich. Der Kopf der Bunraku-Figur ist oft mit beweglichen Augen, Augenbrauen und Lippen versehen, so auch die Figuren zu unserer „Antigone". Das scheint mir eine so große Geschicklichkeit zu erfordern, daß man sie kaum erlernen kann. Man muß gewissermaßen schon ein persönliches Potential von Sensibilität mitbringen, einfacher ausgedrückt, sie muß „angeboren" sein. Es geht hier nicht darum, im Sprechrhythmus mit den Lippen zu klappern. Der Sinn der Worte, die Gesamtbedeutung des Inhaltes muß im Kopf und in den Fingerspitzen des Spielers „gespeichert" sein, damit die Figur überzeugt. Dies alles zusammengenommen stellte einen schwierigen Lern- und Umwandlungsprozeß für unser unerfahrenes Ensemble dar. Gleichzeitig belohnt diese Theaterform den Spieler mit einer einzigartigen Befriedigung. Das erfuhr ich selbst beim Spielen des blinden Weisen Theresias. Trotz seiner Schwäche, seiner Blindheit und seines Alters konfrontiert Theresias den sturen Kreon in einer Auseinandersetzung mit einer Kraft, so gewaltig, daß diese Begegnung zu einem Höhepunkt der Tragödie wird.

Wie arbeitete ich als Regisseur mit „Antigone"? Es ging u. a. darum, gewisse tragende Elemente richtig zu disponieren. Ein Ausgangspunkt war, was ich in jungen Jahren von Strawinsky gelernt hatte: Jede Kunst für sich!

Die künstlerischen Einheiten in „Antigone" waren: Die Figuren für die visuelle dramatische Aktion, drei Musiker für den Klang und drei Schauspieler für die verbale Interpretation. Dazu kam noch der Chor, der im antiken Drama die Stimme der Vernunft, der Zusammenfassung ist. Stimme und Musik kommen in Japan - assymetrischerweise - von einer kleinen Drehbühne rechts neben der Hauptbühne. Als guter Europäer tendiere ich zur Symmetrie. Deshalb plazierten wir die Musiker auf ein Seitenpodium links und die Schauspieler auf ein gleichartiges Seitenpodium rechts von der Hauptbühne, wo die Figuren agierten. In der Mitte, zu Füßen der Hauptaktion, stand der Chor. Für mich war er das Volk von Theben, das die Handlungen der Macht von unten - mit dem Rücken zum Publikum - betrachtet. Erst nach vollendeter Tragödie wendet sich der gesamte Chor dem Publikum zu und spricht den Kernsatz seiner Zusammenfassung: „Besinnung ist die höchste Tugend des Menschen".

Die Geschichte

König Ödipus hatte vier Kinder, die Söhne Eteokles und Polyneikes, die Töchter Antigone und Ismene. Jetzt ist Kreon König von Theben und will nach unruhevoller Zeit wieder Ordnung und Gehorsam dem Gesetz gegenüber einführen. Ihm geht es um die Gleichberechtigung vor dem Gesetz. Die Söhne des Ödipus haben einander in dem Machtkampf um Theben getötet, der eine als Verteidiger der Stadt, der andere als Angreifer. Das Gesetz schreibt vor, daß der Angreifer nicht beerdigt werden darf. Antigone gehorcht aber ihrem Gewissen und der Geschwisterliebe und beerdigt den Bruder. Sie wird gefangengenommen, und Kreon muß sie verurteilen. (Man vergleiche mit dem Konflikt in „Prinz von Homburg"). Antigone und Kreons Sohn Hämon lieben einander. Weder das Flehen noch die Wut des Hämon können Antigone retten. Sie wird zur Hinrichtung abgeführt. Theresias warnt Kreon vor den Folgen seiner Handlungen, die gegen den Willen der Götter verstoßen. Zu spät kommt Kreon zur Besinnung. Antigone ist tot. Hämon tötet sich selbst an ihrer Seite. Dem gebrochenen Kreon bleibt nichts übrig, als die Leiche seines Kindes heimzutragen. Da

erwartet ihn die Kunde, daß auch seine Gattin sich
vor Schmerz und Trauer umgebracht hat.

Antigone ist eine dieser griechischen Tragödien,
die Menschen aller Zeiten ergreift, weil ihr
Konflikt, der Schmerz, die Leidenschaft und die
gewaltsamen und radikalen Reaktionen immer
wieder erlebt werden. Wer mit achtzehn Jahren
nicht auch einmal wie Antigone revoltiert hat, ver-
mißt sein Leben lang etwas Entscheidendes, die
Erfahrung, was es heißt, vor Verordnungen und
Gesetzen der Autorität des Gewissens zu folgen,
auch wenn das zur Auflehnung führen muß.
Antigone hat viele Nachfolgerinnen und Nach-
folger gehabt: Jeanne d'Arc, Bernadette Devlin,
die Geschwister Scholl gegen den Nationalsozia-
lismus usw. Sie läßt niemanden unberührt, weil
Sophokles den Konflikt so klar darstellt.

Es schien so, daß unsere Art, diese Tragödie zu
interpretieren, ihr eine besondere Dimension ver-
lieh. Die Puppen wurden mit Leben erfüllt, um den
fatalen Gang zum Tod hin zu gestalten. Wenn man
es so betrachtet, daß es hier ausgerechnet Puppen
waren, rückt uns eigentümlicherweise die Frage
von Tod und Leben näher, als wenn Schauspieler
den Tod fingiert hätten. Das wurde durch einen
recht merkwürdigen Vorgang am Ende des Stückes
deutlich. Kreon kommt aus der Höhle, in der
Antigone und Hämon starben. Erschüttert trägt er
seinen Sohn in den Armen. Betrachten wir den
Vorgang in Zeitlupe: Der „toten" Puppe Kreon
wird Leben gegeben, um eine zweite „tote" Puppe,
die den toten Hämon darstellt, zu tragen. Hämons
Kopf bewegt sich leblos durch die Bewegungen
Kreons, seine Arme hängen runter, auch sie
schlenkern als Folgebewegung zu Kreons verzwei-
feltem Gang. Manche Zuschauer hielten den Atem
an. Es war dem Puppentheater gelungen, Leben zu
schaffen, um den Tod darzustellen. Was mich und

andere am meisten berührte, war das Paradox, der
doppelt tote Körper Hämons.
Das Unternehmen, Sophokles mit der Technik des
Bunraku auf die Puppenbühne zu bringen, wurde
zu einem Wendepunkt. Eine der positiven Erfahrungen war, die Begrenzung der Zuschauerzahl bei
Puppentheatervorstellungen zu überschreiten.
Wie die meisten Puppentheater hatten wir bisher
vor einigen hundert Personen gespielt. Mit der
neuen Form konnten wir Tausende erreichen. Die
Vorstellungen in Stockholm fanden zuerst im Hof
des bekannten Stockholmer Stadthauses statt.
Drei- bis viertausend Menschen pro Vorstellung
standen oder saßen in dem mächtigen Hof unter
freiem Himmel. Die Klagerufe der Antigone
schallten gegen hohe, meterdicke Ziegelsteinmau-
ern. Im Winter zogen wir um auf die große Bühne
des Dramatischen Theaters. Für die stimmliche
Deutung hatte ich drei führende Schauspieler des
Nationaltheaters, Sif Ruud, Jan Blomberg und Jan
Malmsjö gewinnen können. Die weitere Zusammenarbeit mit dem Theater ergab sich natürlicher-
weise und sollte sich in den nächsten Jahren vertie-
fen. Das ging sogar so weit, daß ich um ein Haar
zum Generalintendanten gewählt wurde, als der
Posten frei wurde. Viele Schauspieler wollten
mich haben, aber meine Veränderungsvorschläge
für den Betrieb waren der Administration zu
radikal. Ich blieb draußen, aber Antigone wurde
eine Spielzeit lang in dem ehrenvollen Haus wiederholt.

Exkurs

Ein besonderes Erlebnis war es, auf dem Internationalen Festival in Istanbul (1977) am Bosporus
zu spielen - gerade an der Grenze zwischen Europa
und Asien. Als Hintergrund glitten die Schiffe
zwischen den beiden Erdteilen vorbei. Dann kam
der Höhepunkt: Gastspiel in Athen vor viertausend

Griechen im Amphitheater Lykkabettos, gegenüber der Akropolis. Die Situation des Spielortes konnte nur noch von der damaligen politischen Situation übertroffen werden. Die Diktatur der griechischen Obristen hatte 1974 mit der Zypernkrise aufgehört, aber die Wunden der Menschen waren noch offen. Während der Juntazeit war der Inhalt der Antigone des Sophokles Zündstoff. Es war verboten, gewisse Textpassagen vorzutragen. Zu unserer Überraschung brach bei unerwarteten Stellen im Spiel starker Applaus los - es waren die verbotenen Stellen, die endlich wieder zu hören, das Publikum stark bewegte. Nur wurden sie auf *schwedisch* gesprochen!

Als die drei Jahre dauernde Schule des MARIO-NETTEATERN 1979 mangels staatlicher Unterstützung aufhörte, mußten wir auch mit Antigone aufhören, denn wir hatten nicht mehr genügend Spieler. Die Figuren stehen heute im Museum, nicht weit von unserer Sammlung japanischer Bunraku-Puppen. Dies als würdige, wenn auch etwas traurige Endstation für Gestalten, die so viele Menschen bewegt hatten. Schließlich sterben die „Schauspieler" des Puppentheaters ja nicht wie wir Menschen. Sie bleiben erhalten und zeugen, wie unsere Kinder, von Bemühungen, Experimenten und Erfahrungen. Ihre Gesichter, wie auch ihre Mechaniken, tragen die Spuren menschlicher Hände. Hebt das nicht in gewisser Weise die Grenze zwischen Leben und Tod auf? Nach Jahrzehnten werden die Antigone-Figuren jetzt wieder lebendig, denn sie gehören zur neuesten Inszenierung „Apokalypse" 1996.

Mit diesem Bericht über das Projekt Antigone möchte ich das Thema der Grenzüberschreitungen im Puppentheater mit gemischten und einzelnen Spieltechniken abschließen und hinführen zu Grenzüberschreitungen quer über die theatralen Disziplinen.

Grenzüberschreitungen
zwischen Theatergattungen

In meiner Tätigkeit *innerhalb* des Puppentheaters habe ich hauptsächlich Werke des sogenannten Sprechtheaters bearbeitet. Bisher beschrieb ich einige Gründe dafür und berichtete über Arbeitsprozesse. Es gab aber auch Aufträge, außerhalb des Puppentheaters zu inszenieren, z. B. für Oper und Schauspiel. Wenn aber ein Puppenspieler eingeladen wird, bei Schauspielern Regie zu führen, kommen natürlich auch seine Puppentheater-Erfahrungen zum Zuge. Sie können für Schauspieler sogar besonders attraktiv sein und geben ihrer Kunst möglicherweise neue Impulse.

Aus „Das Traumspiel" von Strindberg mit Ingrid Thulin, Turin, 1970

Das Traumspiel 1970

1970 inszenierte ich August Strindbergs Traumspiel in Italien. Der Auftag kam vom Stadttheater Turin. Das Stück wurde dort einstudiert und dann in allen großen Städten des Landes aufgeführt. In diesem, meiner Meinung nach, schönsten Schauspiel Strindbergs, hatte die Schauspielerin Ingrid Thulin ihr Debüt im italienischen Theater.
Sie spielte als Hauptrolle die Tochter des Gottes Indra, die sich auf Erden begibt, um zu erforschen, was es heißt, Mensch zu sein.
Die aus vielen Hauptrollen in Filmen Ingmar Bergmans weltberühmte Filmschauspielerin war nach Italien umgesiedelt und wurde dort königlich verehrt. Trotz all des Wirbels um ihre Person fanden wir durch unseren gemeinsamen schwedischen Hintergrund bald zueinander und hatten eine inspirierende, warme Zusammenarbeit.
Natürlich flossen Puppentheater-Elemente in die Inszenierung mit ein. Da wo pointierte Charaktere auftraten, kamen auch die Puppen mit ins Spiel. Bei einer Promotionsfeier schritten Akademiker aller Fakultäten durch den Zuschauerraum. Zwischen den Schauspielern gingen lebensgroße Puppen, „Puppen-Akademiker", so daß man nicht richtig wußte, wer denn nun „lebendig" und wer „tot" war, also alles ganz akademisch.

Der große Makabre 1978

Mein größtes Abenteuer im Bereich Oper erlebte ich durch die Zusammenarbeit mit dem ungarischen Komponisten György Ligeti. In den sechziger Jahren lebte er in Stockholm und zwar im selben Haus, in dem sich unser Theater befand. Das war zu der Zeit, als wir „König Ubu" spielten. Abends soll er mehr als einmal anonym ins Theater geschlichen sein, um das Stück zu sehen.

Ligeti war von der Königlichen Oper Stockholm beauftragt, sein erstes Opernwerk zu komponieren. Dazu wollte er mich haben, zuerst als Librettist, dann auch als Regisseur der Uraufführung.

Ein Projekt begann, das uns vier Jahre lang beschäftigen sollte. Die langwierige Suche nach dem rechten Stoff führte uns zu Michel de Ghelderodes Thema vom „Großen Makabren" („La Balade du Grand Macabre"). Ich verwandelte Ghelderodes Fabel in ein Opernlibretto. Vor Augen hatte ich immer Mozarts Devise „Zuerst kommt die Musik". Ligeti war inspiriert und fügte mit dem Recht des Komponisten einiges hinzu. Am Ende konnte ein einziger Buchstabe im Libretto ebensoviel Seiten brauchen wie eine ganze von mir geschriebene Szene.

Für diese Aufführung mußte die Stockholmer Oper alle ihre Mittel mobilisieren. Eine lange Probenarbeit mit allerlei stürmischen Einschlägen - ich kannte die Opernwelt noch nicht - aber auch mit viel Humor, begann. Die Oberschicht der schwedischen Gesangskunst war beteiligt. Schon früh hatte Ligeti einige meiner Vorschläge für die Rollenbesetzung akzeptiert, besonders Erik Saedén für die Titelrolle sowie Kerstin Meyer und Elisabeth Söderström. Frau Söderström hatte 1959 in „Hoffmanns Erzählungen" der Sängerin Antonia ihre

Stimme verliehen. Seit ich damals ihrer Aufgeschlossenheit allem Neuen gegenüber, ihrer funkelnde Intelligenz und ihrem Humor begegnet war, wollte ich mit dieser Künstlerin einmal an einem großen Projekt zusammenarbeiten.

In ihren Memoiren („Sjung ut, Elisabeth", Bonniers Verlag 1986) erzählt sie: „1978 hatten wir ein Stück des ersten Aktes in Händen . . . Kerstin und ich erfuhren, daß wir ein Liebespaar spielen sollten. Ich hieß Klitoria und sie Spermando. Unsere Partien waren kurz, aber schwer zu singen . . . Hier lieferte ich meinen Beitrag zur Musikgeschichte. Die Aufführung als ganze war ein faszinierendes Erlebnis und die Regie Meschkes kongenial . . . da wir viel Zeit hatten, betrachteten wir die Vorstellung . . . je öfter wir das taten, um so mehr gefiel sie uns. Hätte das Publikum dieselbe Chance bekommen, ich bin sicher, „Der große Makabre" hätte eine Repertoire-Oper werden können . . ."

Es sprühte geradezu vor puppentheaterhaften Einfällen. Ligeti wußte, warum er mich als Regisseur haben wollte. Es gab ein freies Spiel mit Proportionsverschiebungen in der Szenographie von Aliute Meczies mit puppenhaften Verwandlungen der Sänger, auch Geschlechtsverwandlungen, z. B. ein Mann mit Riesenbrüsten und das barocke Liebespaar Söderström-Meyer. Wenn nichts anderes ging, gab es sogar „Marionettenfäden". Die Menschen wurden an Fäden (Seilen) gezogen und flogen durch die Luft. Eine nackte Venus schwebte vom Himmel (Schnürboden) herab. Riesenpuppen wurden an langen Stangen herumgetragen. 125 aus aller Welt angereiste Musikkritiker bestätigten, dies sei eine Oper, wie sie noch nie gesehen hätten. Oder wie es Elisabeth Söderström ausdrückte, „Alle Künstler des Ensembles vollbrachten Großtaten. Ganz besonders muß ich Britt-Mari Aruhn nennen als Chef der Sicherheitspolizei. Sie

sang eine virtuose Koloraturarie, während sie Rollschuh fuhr. Phänomenal!"

Leider wechselte nach der Premiere der Generalintendant der Oper. Dem neuen gefiel Ligetis Musik nicht, und das Werk wurde nach sieben Vorstellungen abgesetzt. Außerdem ist diese Oper außerordentlich schwer zu singen. Sie erschien trotzdem auf den Spielplänen der großen Opernhäusern der Welt und lebte weiter. Ich selbst ging andere Wege: Asien sollte, wie schon erwähnt, einen größer werdenden Platz in meinem Leben einnehmen. Aber meine Erfahrungen mit dem Musiktheater trugen dazu bei, daß ich mich immer weiter mit den Problemen der Oper beschäftigte. Sie ist und bleibt eine ständige Herausforderung für mich, weil sie in manchen Aspekten „unmöglich" ist und man doch nicht an ihr vorbeikommt.

Musik hat mich von Anfang an als die höchste aller Künste begleitet. Sie hatte in jeder Puppentheaterinszenierung einen bedeutenden Platz. Diese Einstellung führte zur Zusammenarbeit mit vielen hervorragenden Komponisten. An erster Stelle möchte ich Karl-Erik Welin nennen. Er war lange eine der ersten Persönlichkeiten der avantgardistischen Musik, was ihn nicht hinderte, zugleich ein großartiger Orgelspieler und Bachinterpret zu sein. Welin war von 1968 an, seit „Undine", „Hofkomponist" des MARIONETTEATERN und blieb es bis zu seinem allzu frühen Tod 1992.

Warum sollte man mit dem Puppentheater nur Puppentheater spielen? Wenn Puppentheater nur Mittel und Instrument ist, sollte man es als solches auch verwenden können, um Oper, Tanz und Pantomime mit ihm zu spielen. Ich meine in neuschaffender Weise, nicht als Playback zu Plattenmusik, wie es schon vorgekommen ist. Experimente quer durch die Disziplinen *garantieren* keine Erneuerung und sollten nicht Selbstzweck sein. Das Zusammenspiel von Gattungen und Medien sollte einzig und allein dem übergreifenden Ziel dienen, höchste Qualität zu erreichen. Wäre das nicht ein Weg, über die Geschlossenheit des Puppentheaters hinauszukommen?

Szene aus „Irische Legende", 1986
Masken: Monika Meschke

Irische Legende 1986

1986 ergab sich dank einer Zusammenarbeit mit der Stockholmer Oper die Gelegenheit, die Separierungstheorie in der Praxis zu prüfen. Der damaliger Opernintendant, Lars af Malmborg, förderte vorbehaltlos neue Versuche und stellte mir Sänger, Musiker und finanzielle Mittel für die „Irische Legende" von Werner Egk zur Verfügung. Hinzu kam noch der Solotänzer Vlado Jura, die Figuren der Bildhauerin Monika Meschke, und die Möglichkeiten unseres eigenen Theaters.

Die „Irische Legende", die bereits erwähnte Oper von Werner Egk, gestalteten wir folgendermaßen: Es gab keine Bühne. Die Zuschauer saßen um einen Berg herum. Bei näherem Hinschauen entdeckte man daß der Berg der Rock einer großen Frau war. Die Falten des Kleides formten Wege, die nach oben führten. Auf den Wegen liefen kleine Figuren. Das war das Volk, arme hungernde Menschen, unterwegs zur Schloßherrin Kathleen. Ganz oben am „Berg" war ihr Oberkörper mit Kopf, Armen, Brüsten. Mal war Kathleen eine Sängerin, mal eine große Puppe. Im Schloß angelangt, drängt das Volk in die innersten Kammern, um sich Getreide und Schätze zu holen. Da öffnet sich der „Berg" - das Kleid - und das Spiel geht im Körper von Kathleen weiter.

Die Aufteilung in Einheiten und ihr Zusammenwirken funktionierte wie vorgesehen. Der gelungene Versuch machte weitere Schritte in dieser Richtung verheißungsvoll, verlockend. Hinter diesem Interesse standen frühe Jugendeindrücke und Erlebnisse mit dem Werk Strawinskys. In Gegenposition zum Wagner'schen Gesamtkunstwerk wollte Strawinsky alle Bühnengattungen selbständig nebeneinander wirken lassen. Erst beim Zuschauer soll die Synthese des Gesamteindruckes entstehen. Lag da nicht auch die Spur des Denkens, das Brecht zu seinem Verfremdungseffekt geführt hatte? Auf ästhetischer Ebene gibt es Parallelen, obwohl die Absicht bei Strawinsky viel weniger pädagogisch ausgerichtet war. Ihm geht es mehr um das Bestreben nach Reinheit, was wiederum mit meiner Suche nach dem „reinen" Theater verwandt ist.

In der „Geschichte vom Soldaten" hatte Strawinsky für den Text den Erzähler, für den Tanz die Tänzerin, für die Musik die Musiker vorgesehen. Die Don Quichotte-Oper ist ebenfalls von diesem Gedanken der Separation getragen. Sie stellt die Entfaltung und Zusammenfassung aller unserer Erfahrungen dar, einschließlich der Eindrücke von der Begegnung mit der japanischer Bühnenkunst. Nach Gesprächen mit Welin kam noch das gesprochene Wort hinzu, und zwar in der Gestalt von Cervantes selbst. Welin wollte außerdem unbedingt einen Knaben als Sänger haben. So entstanden zwei neue Rollen: der Dichter Cervantes als Knabe (Sopran), der singend davon träumt, ein Mann zu werden, um das schönste Buch zu schreiben, und Cervantes als alter Mann (von einem Schauspieler dargestellt), der zurückblickend sagt, er habe nichts von Bedeutung geschaffen. War dies das Bekenntnis eines Komponisten, der für das MARIONETTEATERN die schönste Musik geschaffen hatte? Die letzte Komposition seines Lebens hat einen wehmütigen Grundton, der eine solche selbstzerstörerische Einstellung zu bestätigen scheint. Welin selbst nannte sein Werk lieber ein Oratorium.

Tradition und Erneuerung

Wie definiert man Tradition? Für manche bedeutet das Wort Wiederholung, für mich nicht. Zwar stellt das Wiederholen gewisser Elemente im traditionellen Puppentheater in gewisser Weise seine Lebensbedingung dar. Aber das ist es nicht alleine. Man wiederholt einen Stil in der Erzählweise, in der Spieltechnik, in der Wahl des Repertoires. Das aber, was dem traditionellen Puppenspiel seine Berechtigung verleiht, warum man ihm Interesse entgegenbringt, ist die schlichte Tatsache, daß es *lebendig* ist. Ohne dieses Kriterium stagniert es, wird ausschließlich zu einer musealen Wiederholung.

Die Menschen, die jahrhundertealte Traditionen weiterführen, leben nicht „hundert Jahren zurück", sie leben heute. Sie sind also genau so an ihrer Gesellschaft beteiligt wie die Experimentierer und Avantgardisten. Wer je an der Lebendigkeit der Traditionen zweifelte, hat nicht, wie ich seinerzeit, den Belgier François Pinet aus Lüttich erlebt oder heutzutage den Meister der griechischen Karaghiozis-Tradition, Evgenio Spatharis, oder den Meister der türkischen Karagöz-Tradition, Torun Celebi. Ich brachte die beiden letzteren, zwei temperamentvolle Herren, Repräsentanten der offiziellen Erbfeindschaft zwischen Griechenland und der Türkei, einmal zusammen. Sie sollten am selben Abend, Bühne an Bühne, Vorstellungen im Rahmen des Puppentheatersfestivals auf der Insel Hydra, Griechenland geben. Da sprühten die Funken. Sie spielten fast dieselbe Geschichte, aber bei dem einen waren die Griechen die Dummköpfe, beim anderen die Türken. Die zwei Protagonisten, also die Schattenpuppen, nicht die Spieler, zankten lange darüber, wer der erste, wer der beste sei. Dann gab es zum Jubel des Publikums die herzlichste Umarmung der beiden Spieler vor dem Vorhang, d. h. vor dem Spielschirm des Schattentheaters - und keiner der beiden Meister ist von zierlicher, schmaler Statur . . .

Als Berater des „Indira Gandhi National Centre for the Arts" in Neu Delhi, Indien, wurde ich 1990 von der Leiterin, Kapila Vatsyayan, beauftragt, ein Puppentheater zu entwerfen, zu gestalten. Ihrer Großzügigkeit als Schutzherrin aller Kulturgattungen gemäß gab sie mir freie Hand. In dem Haus sollten, zunächst provisorisch, Gastspiele aller Traditionen stattfinden. Das eigentliche Staatstheater, das ich ebenfalls planen durfte, ist noch im Entstehen. Auf die Aussenwand des Theatergebäudes malten indische Künstler eine Karte Indiens. Statt der Städtenamen sind Zeichnungen aller Puppentheatertraditionen zu sehen. Über den Eingang wollte ich einen zusammenfassenden Willkommenstext haben. Ich bat den Philosophen C. S. Malik, etwas über Tradition zu formulieren. Er sagte: „Tradition ist ständiges Wirken im Jetzt". Das stand über der Tür, bis tropische Regen den Text verwischten.

Tradition kann man auf vielfältige Weise definieren. 1981 war ich dabei, das Internationale Institut für Puppenspiel in Charleville-Mézières, Frankreich, aus der Taufe zu heben. Jacques Félix, der einheimische Förderer des Puppentheaters und Generalsekretär der UNIMA hatte die Voraussetzungen geschaffen, Margareta Niculescu sollte die Leiterin des Instituts werden, ich einer der ersten Lehrer. 15 Studenten aus aller Welt waren die Pioniere. Ein Thema war „Tradition und Erneuerung". Der Historiker Henryk Jurkowski sprach über Konventionen des Theaters, die ungeschriebenen und unausgesprochenen Regeln, um den Kontakt zwischen Bühne und Publikum zu erleichtern. Als praktizierender und experimentierender Theatermann hatte ich früh erfahren, wie

die Konventionen des Theaters zum Konservatismus führen konnten. Ich reagierte daher mit einer Metapher:
Die Tradition ist wie die Erde.
Damit die Erde fruchtbar bleibt,
muß man sie immer wieder umgraben.
Wenn man eine neue Blume pflanzt,
bekommt sie von unten durch die Wurzeln
Nahrung aus der Erde.
Aber sie kann erst richtig wachsen
durch die Kräfte die von außen kommen:
durch die Wärme der Sonne,
durch das Wasser des Regens.

So sehe ich das Verhältnis zwischen Tradition und Erneuerung.
In meiner Arbeit habe ich nie eine Tradition gepflegt, weil sie von meinen Ausgangspunkten her zur Stagnation geführt hätte. Nichts wäre beispielsweise leichter gewesen, als nach dem Erfolg mit König Ubu, auch die übrigen Stücke von Jarry über Ubu in derselben Form zu spielen. Aber das wären keine Neuschöpfungen gewesen sondern Wiederholung. Dafür habe ich mich aber um so mehr von den Traditionen zu neuen Werken inspirieren lassen - so wie es Harry Kramer verstand.

In fast jeder Inszenierung gab es Elemente aus europäischen Traditionen. In meiner Lebensmitte sollte ich in persönlichen Kontakt zu den asiatischen Traditionen kommen. Die daraus sich ergebenden Verbindungen revolutionierten mein Schaffen.

Birma

Dazu möchte ich ein einziges Beispiel geben: mein Besuch in Birma 1981. Es war eine Zeit der schlimmsten Repression. Die Machthaber töteten die Zukunft der Nation. Ihre Kinder, ihre Jugend und vor allem alte Menschen starben an Hunger oder Krankheit. Da hatte ich jetzt die einzigartige Möglichkeit, das lang ersehnte Land zu besuchen und zwar als „Tourist".

Beim Verlassen des Flughafens sah ich schon von ferne einen großen Baum mitten im Weg stehen mit unzähligen großen weißen Blüten. Als ich näher kam, sah ich, daß es nicht Blumen waren sondern weiße Pferde, aus Holz geschnitzt, mit Gelenken und Spielkreuzen - Marionetten!
Die Menschen auf der Straße lächelten mir freundlich zu. Die Gesichter, die hatte ich doch schon einmal gesehen . . . Es waren die reizenden Marionettengesichter von Schillersdorf 1935. Sie waren die Spiegelbilder lebender Menschen !
Wie sollte ich hier Marionetten finden? Unter größter Diskretion kam ich mit einem Experten in Kontakt, dessen Namen ich noch heute für mich behalten muß, um ihm nicht zu schaden. Er führte mich zu den Treppen der Shwe Dagon Pagode. Da sah ich sie zwischen Kitsch und Kram zu hunderten: Man konnte sie als Souvenirs kaufen.

Viel schwerer war es, eine spielende Truppe zu finden. Zeigte ich als Tourist irgend ein besonderes Interesse, käme mein Begleiter in Verdacht. Daß ich als Ausländer keine Marionetten kaufen konnte, freute mich. Jeder Export von Puppen war streng verboten. Hier ging es um nationale Kulturschätze, und die sind keine Handelswaren. Sie dürfen das Land nicht verlassen. Mein Begleiter wußte Bescheid. Wir fuhren spät abends zur Shwemawdam Pagode in Pegu. Zuerst sah ich in der tiefdunklen Nacht nur eine stille Volksmasse, zwei-, dreitausend Menschen. Sie saßen auf dem Boden, auf Matten aus gewebten Palmenblättern. „Saßen" ist zuviel gesagt, viele lagen, schliefen, gingen herum, aßen Mitgebrachtes. Aber die Stille war total, und viele Augen gingen in dieselbe Richtung.

Weit vorne stand eine Marionettenbühne, von vielfarbigen Stoffen bedeckt. In der kleinen Bühnenöffnung bewegten sich Marionetten. Zierliche Gesten, begleitet von vornehmem Schreiten.

Ja, die alte, ursprünglich nur mächtigen Hofleuten vertraute Marionettenkunst hatte überlebt. Sie erfreute, vergnügte immer noch Tausende mit ihren schönen Prinzessinnen, tapferen Helden, schrecklichen Teufeln und Dämonen, Priestern, Affen . . . Spukte hier nicht wieder eine Ramayanavariante?

Nach der Vorstellung gingen wir hinter die Bühne. Die Puppenspieler waren erschrocken über das Interesse eines Ausländers. Wie konnten sie ahnen, was dieser Besuch für mich bedeutete? Wir erfuhren, daß das Stück von einer gewissen Prinzessin handelte, die von einem Monstrum geraubt worden war und schließlich von ihrem König gerettet wurde.

Hier kam ich hinter das Geheimnis der Faszination, die birmanische Marionetten auf mich ausüben. Daß die Augen dieser Marionetten so liebevoll lächeln, kommt daher, daß sie aus Glas gemacht sind. Das Licht wird von diesen Puppenaugen reflektiert, und das macht sie so lebendig. Auch die Augen des Menschen reflektieren das Licht. Das heißt aber nicht, daß sie deshalb auch immer freundlich sind. Da muß noch mehr dahinterstecken. Es ist der Gesamtausdruck der aus Holz geschnitzten Puppenköpfe, die gesamte Physiognomie, die zusammenwirkt. Dahinter kann nur uralte Menschenliebe liegen. Näher besehen ist die Augenform wie ein liegender Neumond mit den Spitzen nach unten gestaltet. Gerade *das* ist es, was sie so lächeln macht. Darauf war ich selbst nach langem Experimentieren mit Augenformen gekommen. Ich konnte dem Angebot nicht widerstehen, weit von Rangoon entfernt, einige Marionetten für unser Museum zu erwerben. Da lag so ganz nebenbei ein kleiner ganz nackter Puppenkörper. Daß ich diese Puppe auch kaufen wollte, wunderte Leute. Der kleine Körper hatte einen kleinen geschnitzten Penis. Warum das, wenn doch alle Marionetten von Kopf bis Fuß in prachtvolle Kostüme gekleidet waren? Mein Begleiter erklärte, alle Marionetten tragen auch unter der Kleidung die Merkmale ihres Geschlechtes. Die Marionette ist das Abbild des Menschen. Der Mensch ist das Abbild Gottes. Gott ist vollendet, also muß auch die Marionette perfekt ausgerüstet sein, auch wenn es niemand sieht. Darin begegnete mir ein kleiner Teil des Wissens, ein Ahnen vom religiösen Ursprung der Marionetten und von einer lebendig gebliebenen Auffassung vom Menschen, warum wir auf Erden sind, woher wir kommen und wohin wir gehen.

Als wir in der Nacht nach Rangoon zurückfuhren, dachte ich, daß ein Volk mit solch lebendigen Traditionen auch die heutigen Tyrannen überleben wird und uns allen etwas ganz Wesentliches zu geben hat. Eines Tages wird Birma von seiner Plage, seiner Unterdrückung frei werden. Mögen dann seine rührenden Freiheitskämpfer, die Marionetten, die Anerkennung bekommen, die ihnen zusteht. Es ist zu wünschen, daß die wenigen noch praktizierenden alten Puppenspieler die Tradition an neue Generationen weitergeben, daß die Gesellschaft diese Kunst fördert, denn sie gehört zu den Schätzen des menschlichen Kulturerbes

Für mich schloß sich ein Kreis. Jetzt kannte ich den Ursprung, den Ausgangspunkt meiner Berufsausübung. Das ist doch ein lebendiger Beweis dafür, daß Tradition und Erneuerung zusammenhängen. Und ich bin keineswegs der einzige Puppenspieler, dessen Arbeit durch asiatische Einflüsse bereichert wurde.

Aber wie ist es in der umgekehrten Richtung, gibt es auch fruchtbare Grenzüberschreitungen von Asien nach Europa? Im Westen machen wir einen Unterschied zwischen traditionellem Puppenspiel und fortschreitendem, neuschaffendem. In Asien gibt es diese Unterscheidung nicht, außer in Japan, aber dort basiert die Erneuerung auf den Traditionen. Daß es auch hier Grenzüberschreitungen gibt, möchte ich durch ein sonderbares Erlebnis belegen, das sich in Stockholm ereignete.

Japan

Wie bereits im Kapitel „Don Quichotte" erwähnt, gastierte der Kuruma-ningyo-Spieler Ruyji Nishikawa bei uns. Wir befinden uns in einem kahlen Raum mit kaltem Licht, wenig geeignet, sich innerlich auf ein Thema einzustellen, die Imaginationskraft zu beleben. Da schwebt herein, kaum daß sie den Boden berührt, eine sechzig Zentimeter hohe spanische Tänzerin: weißes Kleid mit roten Punkten, straffe schwarze Haare, blasses Gesicht mit ernstem, konzentrierten Blick. Hinter ihr der japanische Puppenspieler, schwarz gekleidet, aber ohne Kopfhaube. Die Tänzerin geht bis zur Bühnenmitte und stellt sich in Position, indem sie mit einem diskreten, scheinbar zufälligen Ruck des Fußes das Kleid arrangiert. Was soll wohl aus dieser absurden Kombination werden - eine spanische Carmencita und ein Japaner!?

Das gibt mir zu denken. Das Puppentheater der Welt ist unendlich variationsreich. Es ist bevölkert von großen Ensembles, von kleinen und kleinsten Gruppen, von subventionierten und privat betriebenen Theatern, von Solisten aller Arten, eigensinnige Künstler, Kabarett-Artisten, Epigonen. Wir bieten hochgestimmte epische Werke und banale Nachtklubunterhaltung, zeigen Kultus, Ritus, Zeremonien, Literatur, Pantomime. Unsere Puppen spielen Götter, Menschen oder Monstren, Lady Macbeth oder Lady Thatcher, sie machen uns lachen mit Komik, Spott und Unsinn, aber nur selten gelingt es ihnen, uns ganz zu packen, wirklich zu ergreifen. Wirklich nur selten.

Jetzt strömt eine wohlbekannte Melodie aus dem Lautsprecher „La Paloma"! Da gibt es keinen Zweifel mehr: Kann man sich eine noch größere, unglückverheißendere Kombination denken für monumentalen Kitsch als diese butterweiche Musik, die Standardspanierin in japanischer Deutung? So frage ich mich und vergesse dabei, wie wir im Westen selber hemmungslos von der japanischer Kultur stehlen.

Da fixiert die Tänzerin ihren Blick auf das Publikum, hebt die Arme zu einem graziösen horizontalen Bogen, streckt eine Zehenspitze nach vorne, wird eine Sekunde ganz steif und gleitet los. Der Tanz hat begonnen. Puppe und Spieler als eine Einheit. Schritte schmettern „lautlos" gegen den Boden, kraftvolle Beinbewegungen geben ein Echo in den Bewegungen des Kleides. In wenigen Sekunden hat die Tänzerin den Raum und den Zuschauer für sich eingenommen. Sie wirbelt in immer größeren Kreisen, ernst, konzentriert, sie läßt das Publikum und ihren Spieler unbeachtet. Die Schritte führen sie nach innen, zum Zentrum, zum Kern des Tanzes, frei geworden von dem, der sie trägt, ihr Leben gibt. Sie bestimmt seine Richtung, seine Geschwindigkeit, er kommt kaum noch mit. Plötzliche Wendungen, neue Richtungen, heftiges Schleudern, und dann fast still dastehend, aber noch immer im Rhythmus - wie „gegossen in Musik". Das ist mehr als Tanz. Da entsteht ein Konzentrat von spanischem Geist, seiner Leidenschaft und seinem Schmerz, seiner ernsten Disziplin, seinem ganzen Lebensstil vor unseren Augen. Eine letzte schlichte Geste. Mitten in ihrer hohen Geschwindigkeit beugt sie sich herunter, ergreift rasch den Saum des Kleides, als ob es nicht auffallen solle, daß sie das Kleid etwas hebt vor dem Endschritt. Dann steht sie still. Ende.

Kaum sehe ich, was passiert ist, macht sie eine würdige Verbeugung und verläßt in aufrechter Haltung die Bühne ohne einen Hauch von Müdigkeit oder heftigem Atmen, als hätte sie nicht eben gerade einen meisterlich virtuosen Tanz aufgeführt. Die Puppe? Was bedeutet das? Da sitze ich, atemlos unter dem Gewicht eines großen Erlebnisses, das mich trotz aller Skepsis gepackt hat. Dieses Glücksgefühl, das mich überfiel kam durch das Erlebnis, das ich gerade hatte: Kunst als Zauberei, als Verzauberung - anders kann ich es nicht ausdrücken.

Das klingt so mystisch, daß man eigentlich nicht versuchen sollte, es in Worte zu fassen. Es gibt doch viele Künstler, die auf den Bühnen der Welt Tänze aufführen - sie selbst als Tänzer oder als Puppenspieler. Hier aber war es nicht Tanz als Beschreibung oder als Vorführung, hier war es wie der Tanz selbst, seine Idee und sein Schmerz und damit seine Seele.

Ich hoffe, diese Aussagen wirken nicht zu gefühlsbetont in Anbetracht des nüchternen Schlusses meiner Überlegungen, der Feststellung, daß dieses Erlebnis durch bewegtes aber letztlich totes Material hervorgerufen wurde. Hier war das Künstliche (der Puppe) lebendiger als das Lebendige (der Tänzerin). Das Materielle löst sich gewissermaßen auf und ermöglicht Emotion. Was bleibt, ist Magie, ein geistiger Vorgang.

Das sind große Worte für ein Stückchen Stoff und etwas Geschicklichkeit. Ich verstehe, wenn man mißtrauisch wird, denn wir sind diese Art Erlebnisse wenig gewohnt. Vom Absoluten vertragen wir nur den Abglanz.

Dabei bestehe ich wegen der Stärke des Erlebnisses auf der Wahl der Worte, die ich äußerst selten verwende. Wo es geschieht, daß unsere Kunst maximale Höhen erreicht, dann soll es auch zur Sprache kommen und vermittelt werden. Das Ungewohnte spielt sich mitten in unserer Wirklichkeit ab, ist ein Teil von ihr. Die künstlerische Sensibilität eines jungen Japaners vermag auch Skeptiker zu gewinnen, weil seine Kunst rein ist und wir das Reine immer erkennen.

Dann steht er auf dem Flughafen mit gespanntem Blick. Er versucht unter den fremden Buchstaben auf dem Bildschirm, sein „Gate" zu finden. In der einen Hand hält er seine Bordkarte, in der anderen einen supereleganten Aluminiumkoffer. Darin liegt die Puppe. Wirklich ein sehr unzeitgemäßes Paar: Der Puppenspieler und seine Puppe. Wenn er die Puppe auspacken, aus seiner Jetfassade herausgleiten lassen würde, um sie in der schwarzen Selbstauslöschung seines Berufes verschwinden zu lassen, und wenn er dann anfangen würde zu spielen, dann könnte auch hier, mitten auf dem Flughafen, das Wunder wieder neu entstehen. Er besitzt es, trägt es mit sich, wo auch immer er ist. Der junge Japaner hat viel gelernt. Seine Landsleute bauen Roboter, die fast jede menschliche Handlung, außer vorerst der Fortpflanzung, ausführen können. Es ist möglich Elektronmotoren, Computer, Massenzerstörungsmittel zu bauen und zum Mond zu fliegen. Aber wieviele unter den Milliarden von Menschen können ihren Mitmenschen mit einem Stück Stoff in den Händen während eines drei Minuten dauernden Tanzes die Erschütterung

vermitteln, die das vollkommene Kunsterlebnis zu geben vermag? Vielleicht sollte ich doch meine Auffassung, daß es Vollendung nicht gibt, etwas revidieren - sie hat 180 Sekunden lang existiert.

Diese beiden Bespiele zum Thema, wie Traditionen durch Grenzüberschreitungen zu Erneuerung führen können, mögen hier stellvertretend für andere stehen.

Wenn ich in aller Kürze erklären soll, was fremde Kulturen für die eigene Arbeit bedeuten, kommt mir das Wort Liebe in den Sinn. Jeder Künstler „entflammt" in Bezug auf exotische Eindrücke verschieden. Manche Erscheinungen und Eindrücke sprechen die eigene Seele mehr an als andere. Ich glaube, jeder echte Einfluß erfordert, daß man die Kultur, aus der er kommt, wirklich liebt.

Kleist anders

Seit bald zweihundert Jahren ist Heinrich von Kleists Novelle „Über das Marionettentheater" unter Puppenspielern, wenn nicht fast eine Bibel, so zumindest doch ein grundlegendes Werk, etwa so wie für Schauspieler Stanislawskis Buch „Die Arbeit des Schauspielers an sich selbst". Als Puppenspieler und Regisseur betrachte ich Kleists Gedanken von der praktischen Seite her. Kleist beschreibt ein Gespräch anläßlich einer Vorstellung im Marionettentheater. Ein Jüngling beugt sich unbewußt nieder, um seinen Fuß abzutrocknen. Er wird sich der Anmut dieser einfachen Bewegung bewußt, stellt sich vor den Spiegel und wiederholt sie noch einmal, um sich selbst zu sehen. Dabei verschwindet die Anmut, die Bewegung erscheint jetzt banal. Die Ursache ist nach Kleist: der Jüngling sei beim zweiten Mal seiner selbst bewußt gewesen, die vollendete Schönheit der Bewegung wäre dadurch gestört. Kleist zieht daraus die Konsequenz, daß die Marionette dank ihrer Unbewußtheit der ideale Interpret sei. Vollkommenheit sei entweder nur im Zustand des Unbewußten oder in totaler Bewußtheit zu finden - entweder in der Gliederpuppe oder in Gott.

Der Puppenspieler in mir möchte dem hinzufügen, daß Kleist doch ein Ideal beschreibt, das weder Analyse noch Willensakt des Ausführenden benötigt. Als Aphorismus ist das frappierend. Warum ließ ich mich nie ganz davon verführen? Hinter jeder unbewußten Geste der Puppe steckt ein bewußter Spieler. Man könnte theoretisch auch sagen, daß die Marionette ohne ihn nicht existiert. Zwar schildert Kleist, daß der Spieler die ziemlich einfachen Bewegungen der Puppe nur dann gut ausführen kann, wenn er auch sensibel ist, aber er behandelt ständig die Marionette als ein selbständiges Wesen, das aus sich selbst heraus existiert.

Bei dieser Betrachtungsweise geht irgendwie der Spieler verloren, denn die Marionette an sich garantiert gar nichts. Es gibt ja auch ganz plumpe, sich häßlich bewegende Puppen. Die absolute Grazie stellt sich nicht automatisch bei jeder Puppe ein. Dazu ist zusätzlich erforderlich, daß die Figur Ausstrahlung besitzt, szenische Präsenz, und daß ihre Bewegung nicht brutal oder naturwidrig ausgeführt werden. Mit anderen Worten: Es erfordert recht viel Bewußtheit, Sensibilität und die durchdachte Darstellungsweise eines Künstlers, um den von Kleist beschriebenen Effekt zu erzielen. Die „Metapher Marionette" hängt vom Menschen ab. Sie ist kein Phänomen, keine Erscheinung „an sich". Wenn Kleist den Spieler mehr beachtet und gewertet hätte, sähe seine Novelle anders aus. So hätte sie für die Puppenspieler der Welt an Bedeutung gewonnen, und wenn es auch nur dazu gut gewesen wäre, den Status des Metiers zu heben. Ihm nun aber, einem Berufskritiker gleich, vorzuwerfen, daß er seinen Text nicht anders geschrieben hat als er tat, führt zu nichts. Kleists Text inspiriert zum Weiterdenken. Wenn nach ihm kein einziges Werk analytischer Art die selbe Bedeutung für das Puppentheater erreichte, liegt wohl zum Teil daran, daß die großen Praktiker unserer Kunst sich so wenig schriftlich geäußert haben. Ich wundere mich, warum sie das nicht taten. Vielleicht waren die Ausübenden dieser Kunst zu sehr mit der Bewältigung ihres Lebens und Überlebens beschäftigt? Oder es fehlt ihnen an Lust oder Möglichkeiten? Vielleicht mangelte es auch an der Fähigkeit, sich ausdrücken zu können?

Auf höchst unerwartete Weise kam ich in Buenos Aires auf Kleist zurück. 1992 gastierten wir mit „Kolumbus' Entdeckungsreise" am Teatro Municipal General San Martin, dem Haus Ariel Bufanos.

Im MARIONETTEATERN gibt es keine Vorstellung, die wir nicht hinterher besprechen, ob hier oder da etwas zu verbessern ist. So auch in Buenos Aires. Wir besprachen ein Detail, das am Ende der Inszenierung vorkommt. Es war vorgesehen, daß eine Spielerin, hier Helena Nilson, ganz vorne auf der Bühne kniet. Um sie herum liegen die Körper von Indianern, die von den Eroberern massakriert worden waren. Alles Handpuppen. Gibt es etwas „toteres" als eine Handpuppe ohne Hand? Die Spielerin kommentiert die Tragödie, die sich soeben ereignet hat. Sie erinnert daran, daß alles ganz harmlos anfing, nämlich damit, daß der junge Kolumbus davon träumte, „etwas Unbekanntes" zu entdecken. Schon sechs Monate lang spielte sie das so, daß sie ganz still da saß, selbst wie betäubt von dem Schlag, der die Indianer traf. Nun bitte ich sie, eine Geste hinzuzufügen, die Arme langsam zu heben. Ich dachte, diese Geste könnte drei Funktionen haben: Erstens die einer angedeuteten Umarmung des Publikums, zweitens an den „unschuldigen" Anfang zu erinnern und drittens das Vorstellungsende anzukündigen. Da passiert folgendes: Die Spielerin, die ihrem Regisseur vertraut, macht ohne jegliche Probe die Geste. Da sie von Natur aus graziös ist, gehen ihre Arme in die Höhe mit einer bezaubernd einfachen Schönheit. Wie vorausgesehen, wird das Ende dadurch qualitativ gehoben. Doch es gab etwas Fremdes dabei, das mich verwunderte. Sie „machte" die Geste, und führte sie doch nicht ganz aus. Es war etwas mit ihren Händen. Sie hatten keine deutliche Richtung. Was wollten die Hände „sagen"? Zeigten die Finger auf den zeit- und raumfernen Platz in Genua, wo Kolumbus zu träumen begann? Oder hingen sie ein wenig herunter, um Verlassenheit oder Resignation auszudrücken? Und was war es genau, das diese Unsicherheit über die Absicht dahinter verursachte? Die Wahrheit ist, daß die Spielerin die Geste spontan ausgeführt hatte, nur weil ich darum gebeten hatte, ohne Zeit zu haben, den Auftrag zu „verdauen", zu analysieren. Sie hatte die Geste *unbewußt*, (oder eher ahnungslos?)

gemacht. Ich hatte meine Spielerin gleichsam wie eine Marionette behandelt. Wenn dem so ist, hat Helena dann nicht auch bewiesen, daß sie als menschliches Wesen dieselbe unbewußte Reinheit besitzt, die Kleist der Marionette zuschreibt? Und wenn das stimmt, hebt es nicht seine Theorie von der Überlegenheit der Puppe auf?

Ich meine, diese Erfahrung zeigt, daß der Mensch/Schauspieler unter gewissen Bedingungen dieselbe Fähigkeit haben kann, wie sie Kleist der Marionette zu-sprach. Folgen wir seinen Gedanken konsequent, dann müßte Helenas Geste im selben Augenblick, in dem sie Analyse und Wahrnehmung ausgesetzt ist, etwas verlieren. Ich fürchtete, daß die Magie verloren gehen könnte, nachdem wir die Geste näher besprochen hatten. So stark hatte auch ich Kleist „im Blut". Andererseits konnte ich Helena mein Vertrauen und meinen Respekt nicht entziehen, denn sie ist ja keine Marionette. Der Künstler hat die Pflicht und das Recht, in jedem Augenblick der Arbeit auf der Bühne voll bewußt „da" zu sein. Als die Geste bei den nächsten Vorstellungen wiederholt wurde, merkte ich, daß nichts verloren gegangen war, obwohl sie weiterhin bewußt, aber mit der Schönheit des Unbewußten, gemacht wurde. An nichts war zu erkennen, daß sie gewollt, einstudiert, „ästhetisch" ausgeführt wurde. Damit komme ich zum Schluß dieser Überlegungen: Kleists Versuch, den Unterschied zwischen Marionette und bewußtem Künstler zu enthüllen, stimmt nicht. Der bewußte Mensch kann ebenso die absolute Schönheit darstellen wie die Puppe. So scheint mir, daß es beim darstellenden Künstler nicht das Problem ist, ob Hampelmann oder Gott, sondern fast noch mehr, ob genügend Kunstfertigkeit vorhanden ist oder nicht, um das *Bewußte wie etwas Unbewußtes zu gestalten.*

Ungeborene Kinder

Die Inszenierung von Dantes „Göttlicher Komödie" (1970) ließ mir nicht eher Ruhe, bis das Stück in einen Spielfilm umgewandelt wurde. 1974 war es so weit: Unter dem Namen Purgatorio (Fegefeuer) wurde der Film mit meinem Freund, dem italienischen Filmemacher Silvano Agosti, gedreht, vom schwedischen Filminstitut produziert und verliehen.

Die Inszenierung von Don Quichotte ließ mich nicht eher los, bis das Stück in die Form einer Oper umgewandelt war. Das Werk ist als Oper bisher (1996) noch nicht aufgeführt worden. Ich habe mir vorgenommen, seine Möglichkeiten in aller Freiheit neu auszuloten.

Don Quichotte als Oper

Nach vielen Aufführungen mit der „gesprochenen" Version des „Don Quichotte" beschloß ich im Winter 1991/92 Karl-Erik Welin aufzusuchen, um ihn zu bitten, eine Opernversion des Don Quichotte zu komponieren. Welin akzeptierte sofort meine Kon-zeption. Froh, einen Auftrag zu haben, kompo-nierte er das Werk in drei Monaten. Es sollte sein letztes werden.

Ich möchte hier noch weiter dieses ungeborene Kind als Beispiel für Grenzüberschreitungen zwischen den Theatergattungen behandeln, nicht nur in der Hoffnung, daß die sicherlich unzähligen Opernintendanten, die dieses Buch lesen werden, hier ihre Chance wittern, sondern vor allem, weil es um eine moderne Puppentheater-Oper geht, eine sehr seltene Erscheinung.

Deutung und optische Umsetzung der ursprünglichen Theaterfassung wurden beibehalten. Dementsprechend bestritten auch dieselben Figuren, also Puppen, die Handlung. Sie vollzieht sich auf einem etwas erhöhten Podium in der Bühnenmitte. Links vorne, auf einem niedrigerem Podium, stehen wie beim Konzert - neutral gekleidet und mit den Noten vor sich - die Sänger. Ihre Aufgabe ist es, für die volle stimmliche Interpretation sorgen, sich ganz auf den *Gesang* zu konzentrieren, nicht zu agieren. Ihr Beitrag liegt da, wo sie am besten sind: in der Kehle. Rechts vorne befindet sich auf einem entsprechenden Podium das Orchester mit dem Dirigenten. Die Instrumente werden durch gute Beleuchtung hervorgehoben. Es sind vorhanden: ein Streicherensemble, Flöte, Fagott und Corki, Schlagwerk mit Tam-tam und Tinpanipauke. Das ist also unsere dritte Einheit, die *Musik*.

Dieses Konzept, das ich mittlerweile schon in anderen Varianten behandelte, möchte ich *Separierung* nennen.

Die Sprengung

Wer sich wie ich mit so vielen Themen und Autoren beschäftigt, muß feststellen, daß bei jeder neuen „Geburt" Material als „nicht ganz hineinpassend" übrig bleibt. So schiebt man ungeborene Kinder, Projekte, vor sich hin, in der Hoffnung, sie einmal als „unentbehrlicher Baustein" in eine neue Inszenierung einzubauen. Dahinter steckt wohl der unverschämte Drang nach Universalität, d. h. *alles* das zu ergreifen und zu gestalten, was unser Erdball, zu bieten hat.

So baute ich vor Jahrzehnten einen großen Erdball. Aus diesem quellen wie nach einer Sprengung alle Formen menschlicher Vorstellungen, Bedürfnisse und Träume hervor: Spielende Kinder, zertrümmerte Städte, Erotisches, Machtkämpfe, Monster, Ratten, Armeen . . . Aus Kratern nach Explosionen, aus großen Gesichtern oder Löchern drängt all dies zum Himmel wie ein Geschrei.

Meine Absicht war es, eine Aufführung, „Die Sprengung" genannt, wie in einem Planetarium zu schaffen. Das Publikum sollte rings um den sich drehenden Erdball stehen, die Decke des Theaterraumes, die Dachwölbung sollte voller Sternenprojektionen sein. Gewaltige Musik sollte den Raum erfüllen, kein Wort gesprochen, jeder sollte ganz alleine mit diesen Bildmotiven sein, womöglich in einen Zustand von Kontemplation geraten.

Bisher blieb diese Vision unverwirklicht. Der Erdball hängt immer noch erwartungsvoll im Keller. Vielleicht ist solch ein Konzept das Richtige für das voll ausgebaute Museum, das uns vorschwebt, wo die Grenze zwischen Museum und Theater ausgelöscht ist, wo die stille Bewegung eines Erdballes mit dramatischem Inhalt natürlicher Bestandteil der „integrierten" Museumstätigkeit werden kann, die uns bei Theaterprojekten natürlich scheint.

„Die Apokalypse"
Ein aufgeschobener Weltuntergang

Um den Abschnitt Grenzüberschreitungen mit einem Blick vorwärts in die Zukunft abzuschliessen, möchte ich hier noch von meinem allergrößten Kind berichten. Es ist zwar noch nicht geboren, aber es ist unterwegs.

Auf den Trampfahrten meiner Jugend quer durch Europa gab es ein Dörfchen im österreichischen Kärnten, das mir wiederholt Ruhepunkt war. Dort lebten die Musikerfreunde Hans und Grete Leygraf. Da gab es erst mal gutes Essen und zweitens entscheidende Ermunterung und Inspiration. Die Leygrafs machten mich auf Strawinsky aufmerksam und öffneten die Musikwelt für mich. Einmal sagte Grete Leygraf, daß alles was ein Künstler in seinem Leben ausrichtet, auf Eindrücke zurückgeht, die er bis zum fünfundzwanzigsten Lebensjahren angesammelt hat. Die Wahrheit dieser Aussage wurde mir immer wieder bewußt, meine Richtung und Repertoirewahl bestätigen sie. Nach der Lebensmitte kam ein Punkt, wo die Inspiration der Jugend erschöpft schien. Hatte ich nicht alles schon verarbeitet, verwirklicht? Ich ahnte einige wiederkehrende Leitlinien und Themen, die vielleicht auch dem Leser durch meinen Bericht deutlich werden. Bei jeder neuen Inszenierung blieb jedoch eine kleine Unzufriedenheit, daß ich ein Stückchen vor der Vollendung der Aufgabe halt gemacht hätte. Das perfekte Theater blieb unerreichbar. Zu Beginn meines ersten Buches „Auf der Suche nach der Ästhetik des Puppentheaters" schrieb ich ein Motto: „Wie sehr wünsche ich, daß aus meinen Händen das schönste Theater entstünde. Wenn es aber nicht möglich ist, möge es durch einen anderen kommen. Dies zu hoffen ist lebenswert". Das meine ich noch immer. So lange das Leben anhält, möchte ich mich nicht damit begnügen, zu hoffen, nein, ich will selber mittun. Was mich am meisten lockt, ist, mich nochmals, aber auf neue, andere Weise mit Gestalten aus meinem Repertoire zu beschäftigen, die ich nicht ganz zufriedenstellend zurückgelassen habe, ein Bedürfnis also, *zusammenzufassen* um *weiterzugehen*.

Lebenswende, Jahrhundertwende, Jahrtausendwende. In solchen Zeiten erwacht immer wieder die Vorstellung einer apokalyptischen Bedrohung. Es ist gerade so, als steigere sich die untergründige Angst der Menschheit an diesen Wendepunkten. Da suchen manche hysterischer als sonst nach Rettungsringen.

Das apokalyptische Phänomen ist tief verwurzelt in Europas Kulturen und bietet ein spannendes Forschungsfeld. Dabei kann etwas Humor nicht schaden. Was wäre der größte Ernst ohne einen Tropfen Ironie? Es ergab sich wie von selbst, diese verschiedenen Erwägungen zu einem Projekt in einer multidiszplinären, internationalen Theateraktion zusammenzufügen.

Beratungen, Vorbereitungen fanden mit einer Reihe von Künstlerkollegen in mehreren Ländern statt. Ideen kamen auf, Textfragmente wurden niedergeschrieben, Formfragen diskutiert. Arbeitstitel: APOKALYPSE oder Der aufgeschobene Weltuntergang. Es wird keine konventionelle Aufführung werden, eher eine Prozession. Die Vorstellung findet in Räumen statt, die nicht für Theateraufführungen vorgesehen sind: in einer Ruine, einem Flugzeug-Hangar, einer Erzgrube, einem Schloß, einem Flüchtlingslager, wo immer Platz ist für tausend stehende Zuschauer. Das Geschehen spielt sich ab inmitten des Publikums, auf rollenden Kleinbühnen, eventuell an den Wänden, durch Fenster, Türen, Balkonlogen, auf

Leitern und über den Köpfen der Zuschauer. Die Mittel sind: Marionetten, Handpuppen, Stabfiguren aller Größen, Masken, Tanz und Pantomime, Schauspieler, Stelzengänger, ein Chor und ein Symphonieorchester.

Das Ensemble besteht aus insgesamt 18 Künstlern - außer den Spielern des MARIONETTEATERN wirken mit: Stelzengänger der Compagnie Fifrelot aus Paris, Puppenspieler aus Athen und von meiner Schule in Turku, Finnland, dazu Schauspieler aus Schweden und Argentinien.

Die Geschichte

Mephisto, Herr der Hölle, und die Engel des Weltalls kommen zusammen zum „Jüngsten Gericht", wo entschieden werden soll, ob die Menschheit untergehen muß oder nicht. Der Gott Indra schickt seine Tochter auf die Erde. Sie soll erforschen, was es heißt, Mensch zu sein. Mephisto meint, es gäbe keinen Zweifel darüber, daß der Mensch die Hölle verdiene, da er seit jeher schlecht ist und sich von allen guten Vorbildern abgewandt hat. Die Indra-Tochter begegnet der Pförtnerin der Oper (aus Strindbergs Traumspiel) und erfährt von ihr viel über die Leiden der Menschen.

Mephisto beschwört Dante herbei, der in der Hölle den antiken Helden Odysseus gefunden hatte. Odysseus war zum ewigen Feuer verdammt, nur weil die Menschen seinen Drang verurteilten, die Welt über die erkannten Grenzen hinaus zu erforschen.
Dagegen rufen die Engel Antigone (Sophokles) herbei, die gegen die Macht des Staates ihrem Gewissen gefolgt war. Ja, es gibt auch solche Menschen!
Im Publikum tauchen Kasper und seine vielen Brüder auf (Guignol, Petruschka, Pulcinella,

Punch) und zeigen der Göttertochter, daß sie immer Freiheitskämpfer waren, die Schwachen verteidigten und die Obrigkeit besiegten. Als Beispiel dafür verhauen sie den Teufel.

Vater Ubu kommt vorbei. Da er nunmehr „arbeitslos" ist, will er in der Hölle König sein. Ein wilder Machtkampf mit Mephisto endet damit, daß Vater Ubu verjagt wird.
Darauf bringt Mephisto einen Zeugen des Übermutes herbei, nämlich Dr. Johann Faust aus Wittenberg. Sein Pakt mit dem Teufel und sein Untergang wird als warnendes Beispiel vorgeführt. Aber die Engel wissen von selbstloser Nächstenliebe in der Gestalt des guten Menschen von Sezuan (Brecht).

Mephisto wiederum führt jetzt Mahatma Gandhi vor und zeigt, wie dieser vergeblich von Pazifismus und Widerstand ohne Gewalt sprach.

Die Götter-Tochter wird von Mitleid über die Mühsal des menschlichen Daseins erfüllt. Sie begegnet dem Anwalt (aus Strindbergs Traumspiel) und will seine Bürde mit ihm tragen. Sie heiratet ihn, aber flieht bald aus der Misere und dem ehelichen Gefängnis. Sie befragt die „Geschichte", eine blinde Bettlerdame, ob das menschliche Leben so, wie sie es kenne, sein müsse. Da ertönt die Stimme Martin Luther Kings als Zeuge der Engel: Es gibt Alternativen, Ausnahmen, Licht mitten im Pessimismus. Alles wird still. Man hört ausnahmsweise einmal darauf, was King wirklich sagte.

Plötzlich stürzt Don Quichotte ins Publikum, um gegen die riesigen Windmühlen zu kämpfen, in denen er böse Riesen sieht, auch wenn er sich dabei lächerlich macht. Hauptsache für ihn ist, seiner Überzeugung treu zu bleiben!

Mephisto sieht seine Absicht, die Menschheit umzubringen, durch diese Gestalten bedroht und greift zu stärkeren „Zeugen", zum Faschismus. Das stachelt die Wut der Engel an. Sie werfen sich, ganz zu Mephistos Zufriedenheit, ihr edleres Benehmen vergessend, in einen Kampf mit Mephisto. „Das ist gut: Ihr seid viele, ich bin alleine. Aber ich bin stärker als ihr, denn in jedem Guten steckt das Böse, man muß nur die rechten Methoden nutzen, um es hervorzurufen".
Er ruft die apokalyptischen Reiter heran. Sie drängen drohend das Publikum zusammen. Aber der Anwalt kommt wieder. Das Schlußplädoyer soll steigen. Mephisto verlangt in demokratischer Ordnung eine Volksabstimmung für oder gegen eine rasche, angenehme Abreise in die Hölle. Aber die Menschheit reagiert nicht. Außer sich vor Wut gibt Mephisto - momentan - auf. Der Anwalt beruft sich auf sein Recht, Gnade zu verlangen. Der Weltuntergang wird aufgeschoben. Die Menschheit soll selber ihr Schicksal bestimmen.

Der Jubel der Engel überträgt sich auf das Publikum. Den Menschen werden Flügel übergeben und der Prozeß endet in allgemeinem Tanz. . . .
Und was geschah mit Strindbergs Indra-Tochter? Sie beschloß bei den Menschen zu bleiben, ein unsicheres Schicksal mit ihnen zu teilen, anstatt zum Himmel zurückzukehren.

Diese Geschichte ist genau so naiv gemeint wie sie scheint. Vorbild für ihre Gestaltung ist das mittelalterliche Mysterienspiel, das auf Marktplätzen aufgeführt wurde, chaotisch, improvisiert mit dick aufgetragener Schwarz-weiß-Malerei. Nur bei uns soll am Ende *nicht* nur das eine oder das andere sein.

Anhand meiner vorangegangenen Berichte einzelner Aufführungen kann der Leser sich ungefähr vorstellen, was alles an Figuren, Dimensionen,

Formen und Techniken in diesem Spektakel vorkommt.

Es ist fast das erste Mal, daß nicht nur ein großes Drama aus der Weltliteratur für das Puppentheater bearbeitet wurde - eher Fragmente aus vielen. Kein bestimmter Maler liefert Inspirationen für die visuelle Gestaltung - die Bilder stammen vielmehr aus vielen verschiedenen Zeiten und Ecken. Nur die Musik ist eine einheitliche Schöpfung. Sie stammt von dem jungen argentinischen Komponisten Homero Alvarez.

Obwohl das Stück viele Fragmente einer reichen Theatererfahrung vereint, ist alles doch ganz neu in Bezug auf die Arbeitsmethoden, das Verhältnis zum Publikum - und es ist zum Ertrinken umfangreich.

Da diese Arbeit im Augenblick, wo ich dies niederschreibe, sich gerade in dem langen und abenteuerlichen Prozeß des Entstehens befindet, kann ich hier nur unsere Absichten andeuten: Es liegt ein von mir geschriebenes Manuskript vor, das sich täglich bei den Proben verändert. Der Text ist auf das Unentbehrliche reduziert, und während der Einstudierung beeinflußt jeder Mitwirkende durch eigenes Mitschöpfen die endgültige Fassung. So steht auch auf dem Titelblatt: „Das endgültige Manuskript des Stückes soll aus begreiflichen Gründen erst nach der Premiere niedergeschrieben werden."

Wir bereiten eine englische Fassung für das Ausland vor und eine schwedische für zu Hause, wobei wir noch gar nicht wissen, ob und wo wir sie zeigen werden. Die Uraufführung findet am 23. August 1996 in Turku, Finnland statt. Darauf folgt eine Asientournee.

Raum-Zeit-Szenographie

Das Theater ist voll stummer Verabredungen zwischen Bühne und Publikum. Manche nennen das „Konventionen". Ist das etwas Gutes? Ich scheue mich vor diesem Ausdruck, denn er hat etwas von automatischer Wiederholung, von unbeweglicher Tradition oder Stagnation. Wenn schon „Konventionen", dann sollten sie jedesmal neu entstehen, Übereinkommen mit dem Zuschauer nur „von Fall zu Fall". Die *vitale* Konvention ist die überraschende. Sie kann nur aus einer Voraussetzungslosigkeit heraus entstehen.

Ein Beispiel ist das Format der Puppen: Wir zeigen eine zwanzig Zentimeter große Puppe neben einer von vierzig Zentimetern. Das führt beim Publikum schnell zu einem Einverständnis, zu einer Konvention: Das ist ein Zwerg neben einem Riesen. Dann führen wir eine hundert Zentimeter hohe Figur herein. Jetzt muß man schnell umdenken. Die beiden ersten werden zu Zwergen, die neue Puppe zum Riesen. Dies gilt nicht allein für Puppen sondern ganz allgemein für das gesamte Gebiet der Szenographie.

Die Puppen für „Antigone" sind alle schwarz im Gesicht mit weißen Konturen, um Augen, Nase und Mund zu betonen. Der Grund dazu ist ganz einfach: Um das Leben, Aussehen und Verhalten der Menschen zur Zeit Antigones zu studieren, gab es nur wenige Quellen. Die besten sind Grabvasen, sogenannte Lekhytos. Sie sind mit lebhaften Motiven bemalt. Der Ton für die Vasen stammt von den zykladischen Inseln, wo er weiß ist. Man malte die Ausschmückungen schwarz und dunkelbraun, damit sie deutlich herausstechen sollten. Die Originalität dieser Gestaltung gefiel mir sehr. Als Reverenz an diese bildhafte Quelle übertrug ich diese Art der Bemalung auf die Figuren des Stückes.

Ich erwartete allerdings Fragen: „Warum die schwarzen Gesichter? Sollten das etwa Neger darstellen?" Niemand fragte. Das verwunderte mich, bis ich begriff, daß wieder einmal ganz zu Beginn der Aufführung eine stumme Konvention entstanden war. Das kann dann geschehen, wenn der Anfang Vertrauen schafft, einfach den Zuschauer packt, dann weichen kritische Fragen. Von dieser Erfahrung lernte ich, dem Publikum mehr zuzutrauen als zuvor.

Der Raum

Raum ist der Ort für Erlebnis und Einsicht. Deshalb war die voraussetzungslose Raumgestaltung für mich immer fundamentaler Bestandteil der Regiearbeit.

Mit wenigen Ausnahmen baue ich nach wie vor die Figuren (d. h. gestalte die Rollen) selbst und trage gleichzeitig für die Szenographie Verantwortung. Figur, Dekor und Raum bilden eine Einheit. Ich komme auf diesen Zusammenhang später noch einmal zurück. Zunächst möchte ich einige Überlegungen zum Thema Raum und Zeit anstellen und danach ungewöhnliche Spielorte beschreiben.

1986 hatte ich die Ehre, in Neu Delhi an einem internationalen Symposium teilzunehmen, das von Kapila Vatsyayan veranstaltet wurde. Es ist typisch für diese Grande Dame indischer Kultur, daß sie unter Wissenschaftlern und Philosophen aus aller Welt auch einen Puppenspieler zu Wort kommen ließ. Das Thema war „Space", also Raum, was mich mehr als zuvor dazu brachte, zur „Grundfrage Raum" vorzudringen.
Ich nannte meinen Vortrag „Der Theaterraum - Raum der Liebe" (Concepts of Space - Ancient and Modern, edited by Kapila Vatsyayan, Indira Gandhi National Centre for the Arts, 1991).
Es ist gesagt worden, daß die Zivilisation mit dem Haus beginnt. Das Haus ist die Verkörperung einer Idee oder Lebenshaltung. Im funktionalistischen Haus suchte mein Großvater die Rationalität. Das ökologische Haus sucht die Harmonie mit der Natur. So lieb mir dieser Gedanke auch ist, so kann doch ein Haus abbrennen, zerbombt werden, verschwinden. Ist Haus gleich Haus? Auch die Todesbaracken von Auschwitz waren Häuser, ihre Öfen Häuser der Vernichtung. Gibt es überhaupt ein Haus, das völlig zuverlässig ist, außer dem

„Haus", das jeder Mensch in sich trägt? Wie Don Quichottes angeblicher Wahnsinn, den er mit sich trug, um in der noch wahnsinnigeren Welt zu überleben?

Die Raumfrage beginnt beim Theatergebäude. Wie oft wurden Theaterhäuser als Hülle gebaut für eine Kultur, die sich - einer Konsumware gleich - der jeweiligen Gesellschaft anpassen sollte? Unter allen öffentlichen Gebäuden sind die Theaterbauten die Boudoirs, mit denen die Macht, die Mächtigen, sich selbst schmeicheln im Sinne von „Mehr scheinen als sein" oder „Die Schale ist wichtiger als der Inhalt". Mancher Neubau wäre funktionsgerechter, hätte man aufgehört, bevor Samt und Kristall-Lüster hinzukamen. Künstlerisches Schaffen braucht räumliche Voraussetzungslosigkeit und Flexibilität, nicht, wie es oft der Fall ist, die Belastung mit ästhetischen und sozialen Idealen der Vergangenheit.
1984 waren wir in der außerordentlich günstigen Lage, ein neues, für uns vorgesehenes Theater zu planen und zu entwerfen. Das Gebäude wurde im Herzen von Stockholm gebaut und sollte für ein paar Jahre Domizil des MARIONETTEATERN werden. Das Haus war vorgesehen für alle Formen des Puppentheaters - ein Haus für die Zukunft, wie nach Maß gearbeitet. Leider ließ die damalige Spekulationswelle auf dem Immobilienmarkt den Traum etwas zu kurz geraten. Die Mietkosten stiegen rasend und wir mußten ausziehen - im modernsten Puppentheater der Welt zog ein Nachtklub ein.

Wie damals in Neu Delhi sehe ich auch heute drei grundlegende Kriterien für das ideale Theaterhaus: Der Inhalt, den wir vermitteln wollen, das Publikum und - Liebe. Anders ausgedrückt: *was* mache ich in diesem Raum, für *wen* und *warum*, in welcher Absicht, geschieht das alles?

In Bezug auf den Inhalt sollte das Theater *allen* Gattungen der Bühnenkünste in technischer und geistiger Hinsicht Platz bieten können. Das Puppentheater der Zukunft wird von der schon jetzt immer stärker werdenden Interaktion zwischen den Gattungen und Medien noch mehr betroffen sein. Das erfordert die dazu nötigen technischen Einrichtungen. Die sollten ebenso geeignet sein, die Miniaturbühne eines Kaspertheaters aufzustellen wie einen grenzenlos nachtschwarzen indischen Dorfplatz zu installieren, Möglichkeiten für traditionelles Schattenspiel zu schaffen, Tanz auf gutem schwingendem Boden zu ermöglichen, Flexibilität auch im Zuschauerraum haben und so fort. Ferner kommt hinzu die Integration der neuen Medien: Sie stellen neue technische Anforderungen. Vor allem braucht das Haus die größtmögliche Flexibilität. Das Publikum soll so gut sitzen, daß ihm nichts vom Inhalt entgeht. Es ist wichtig, ob der Raum Nähe oder Distanz schafft, ob Intimität möglich ist oder ob Öde vorherrscht - ganz besonders bei Kindervorstellungen. Es gehört zu unserer Verantwortung, dafür zu sorgen, daß jedes Kind mit einbezogen wird.

Bei „Odysseus" saßen die Kinder in zwei Gruppen einander gegenüber. Zwischen ihnen erstreckte sich das Meer, in dem sich die Handlung abspielte. Die Köpfe des Publikums flogen wie bei einem Tennismatch hin und her.

In „Dantons Tod" zog das Publikum mit der Handlung von Saal zu Saal des Reichstagsgebäudes. In der „Apokalypse", die gerade in Arbeit ist, werden die Zuschauer stehen und von allen Seiten vom Spiel „überfallen".

Der Raum hat auch soziale Aspekte. Er kann Klüfte aufreißen oder die Leute miteinander verbinden, Begegnungen fördern. Es kann verschieden „feine"

Plätze geben wie im alten Hoftheater oder gleiche Preise und gleich gute Sicht für alle. Der Raum sollte immer „demokratisch" sein, damit Unterschiede in Sozialstatus und Einkommen nicht zusätzlich betont werden.

Eine freundliche Atmosphäre sollte schon von der Schwelle des Hauses an spürbar sein und nicht wie manche protzigen, faschistoid anmutenden Bankgebäude die Besucher einschüchtern! Wer Mussolinis römische Architektur gesehen hat, weiß, was ich meine.

Alles, jedes Detail ist beim Theaterbesuch psychologisch gesehen wichtig, von der Sauberkeit, über die Gestaltung und Ausschmückung der Räumlichkeiten, die Abendkasse, das Theatercafe, Türklinken, Glockenton und was es sonst noch alles gibt. All das sagt etwas aus über die Menschen, die in einem Haus arbeiten, warum und mit welcher Liebe sie dies tun. Damit meine ich Liebe zum Besucher und zur Arbeit. Auch heute macht es mir nichts aus, mit dem Scheuerlappen herumzusausen, falls es irgend etwas zu verschönern gibt, auch wenn die Mitarbeiter heimlich lächeln.

Wie soll das dritte Ziel, „Liebe zu erzeugen" vom Architekten und Erbauer des Theaters erreicht werden? Ist nicht Liebe ein allzu hochtrabendes Wort in diesem Zusammenhang. Würde es nicht genügen, daß der Raum eine gute Kommunikation ermöglicht, muß man sich unbedingt „lieben"? Ich finde, hier von Liebe zu sprechen, ist angemessen, wenn man bedenkt, wozu Kultur überhaupt da ist. Die Relativität des Kommunikationsbegriffes habe ich früher schon berührt. In diesem Begriff ist keine Garantie für das Kunsterlebnis enthalten. Der Mensch hat tiefere Bedürfnisse, solche, die in früheren Zeiten an heiligen Orten, in Tempeln ihren Platz hatten. Leere Kirchen sind andererseits kein Beweis dafür, daß der Mensch keine geistige bzw. geistliche Nahrung mehr braucht. Viele Menschen suchen im Theater das, was sie in der Kirche nicht mehr finden oder gerade dort nicht finden wollen. Glaube und Theater sind zweierlei und ersetzen einander nicht. Aber diese Erkenntnis ist kein Hinderungsgrund dafür, daß ich das Theater lieber als Ort für *Kommunion* als für Kommunikation sehe. Denn das Theater bietet diese wunderbare Kombination, Sinne und Körper durch Vergnügen zu erfreuen *und* den Geist durch tiefere Einsicht zu berühren, im Idealfall, im Sinne des griechischen Wortes Katharsis, Reinigung, zu erschüttern.

Die Raumfrage spielt hier auch mit. Aber schließlich kommt es auf den Inhalt an. Von dem kann man auch in einer eiskalten ausgebombten Theaterruine gepackt werden, wie es manchen Leuten nach dem Zweiten Weltkrieg erging: „Draußen vor der Tür" ganz wörtlich.

Wenn wir das, was uns noch fremd, unbekannt ist, näher kennen lernen, dann entsteht Verständnis. Durch Verständnis kann Sympathie wachsen, etwas das ich an anderer Stelle „Einsicht" genannt habe. Von solcher Einsicht ist der Schritt zu Liebe nicht mehr allzu groß. So gesehen, scheint es mir nicht zu hochtrabend oder irrational, vom Theater als einem Platz des Herzens, also einem Ort der Liebe zu sprechen.

Der wichtigste Raum befindet sich im Inneren des Zuschauers. Das gilt ganz besonders für das Puppentheater, da es ohne die schöpferische Mitbeteiligung des Zuschauers nicht leben kann. Man sollte ihn deshalb lieber „Mitschauer" nennen. Diese Beteiligung geschieht leichter, wenn die Figur frei im leeren als im vollen Raum steht. Da gibt der schwarze Raum - manchmal auch der weiße, aber vor allem der schwarze, das Gefühl von Unendlichkeit. Es klingt paradox, aber um sich auf etwas Kleines als Zentrum konzentrieren zu können, bedarf es des unbegrenzten Raumes! Wie ich zu dieser Erkenntnis kam, möchte ich mit Baptiste, meiner einzigen Solomarionette, erklären.

Er ist der Ur-Pierrot in seiner klassischen französischen Gestalt, so wie sie von Charles Debureau erschaffen wurde. Die Geschichte oder Legende - jedenfalls Marcel Carnés Version - wie sie in dem Film „Kinder des Olymps" beschrieben wird, geht so: Eines Abends sitzt der liebeskranke junge Schauspieler Charles Debureau in seiner Loge im Theater. Er muß gleich auf die Bühne. Aus seiner Verzweiflung heraus streicht er sich, ganz in Gedanken verloren, Mehl ins Gesicht. Mehl wurde damals als Puder benutzt. Sein Gesicht ist jetzt ganz weiß, wobei die Gesichtszüge schärfer hervortreten. Debureau begegnet so seiner eigenen Traurigkeit im Spiegel. Plötzlich muß er auftreten. Zu spät, sich zu waschen! Ernsten Gesichtes geht er auf die Bühne, und das lachbereite Publikum verstummt. Jetzt nimmt Debureau sich alle Freiheit. Er bleibt in seinem ernsten Zustand, anstatt wie sonst blöde zu gestikulieren. Im Saal sitzt ein beeindruckter Théophile Gautier, Autor und Theaterkritiker. Am nächsten Tag berichtet er begeistert in der Presse, was er gesehen hat. Debureau ist über Nacht berühmt geworden.

Fast hundert Jahre später sitzt ein junger Mann in einer Werkstatt in Stockholm und sehnt sich nach Paris. Seine Traurigkeit steht der Debureaus nicht nach. Aus Ton entsteht Baptistes Gesicht. Jahre später, als ich das Theater hatte, spielte ich mit dieser Marionette Pantomimen, in deren Handlungen die beschriebene Traurigkeit nachhallte. Um den weißen Körper hervorzuheben, brauchte ich den schwarzen Raum. Darin ereignete sich folgendes:

Baptiste

Die Geschichte
I.
Die Bühne ist schwarz. In der Mitte erhebt sich mühsam Baptiste. Aus der Ferne sind die Geräusche einer anfahrenden Straßenbahn zu hören. Baptiste zuckt zusammen. Die Straßenbahn - ein grell erleuchtetes übergroßes Monster - saust an ihm vorbei. Baptiste träumt. Eine Blume wächst aus der Erde, groß und rot. Er will sie brechen, aber sie entwächst ihm in den Himmel. Drei pastellfarbene Vögel schwirren um ihn herum. Er springt in die Luft, möchte wie sie fliegen, fällt aber zur Erde zurück. Während er am Boden liegt, löst sich sein rotes Herz von ihm ab. Mit letzter Kraft streckt er sich nach ihm aus. Da entschwindet es ganz. Er sinkt zusammen. In diesem Augenblick dröhnt plötzlich die Straßenbahn über seinen Körper. Licht aus.

Nach einiger Zeit schien mir diese Geschichte allzu sentimental. Ich wollte Baptistes Schicksal weniger selbstbezogen, mehr sozialbedingt erzählen. Die Nummer wurde neu überdacht:

II.
Baptiste irrt planlos suchend durch eine Großstadt. Es ist kalt und öde um ihn. Die Musik „Octandre" von Edgar Varèse gab die rechte, aggressive Stimmung. Um Baptiste herum stehen Wolkenkratzer. (Sie waren aus einem leichtem Gestell angefertigt, in ihnen standen - unsichtbar - Spieler. Die Marionette ist achtzig Zentimeter groß, die Wolkenkratzer drei Meter hoch). Im übrigen ist die Bühne immer noch schwarz und leer. Langsam gleiten die Wolkenkratzer näher an Baptiste heran. Er wehrt sich, aber sie drängen immer mehr auf ihn ein, bis sie ihn erdrücken. Er stirbt.

So spielte ich die Nummer in dem Kabarettprogramm „Bagatellen", eine ganze Spielzeit lang. Doch ich war nicht zufrieden. Der Raum war noch zu voll, die Handlung noch allzu beschreibend. Baptiste müßte doch auch ganz allein wirken können!? In der nächsten Spielzeit ließen wir die Wolkenkratzer weg. Da zeigte sich, daß Baptiste, wie beabsichtigt, noch kümmerlicher wurde. Von jetzt an war ich auf den schwarzen Bühnenraum eingeschworen.

Aber es gibt noch einen Theaterraum, den allerschönsten. Das ist der, der entsteht, wenn nur vier Augen sich begegnen. Zwei gehören dem Zuschauer und zwei einer anmutigen Puppe. Was in *dieser* intimen, ehrlichen und liebenden Begegnung passiert, ist das einzig Wichtige im Puppentheater, wie überhaupt in aller Kunst. Aber das bleibt ein Geheimnis, das nur den Zuschauer angeht.

Zeit

Raum und Zeit gehören zusammen. Wir messen die Zeit am Raum in der weitesten Bedeutung des Begriffes Raum.
In Strindbergs Traumspiel fragt der Schüler Nils seinen Lehrer, was die Zeit ist. Der bedrängte Lehrer: „Hm . . . Zeit, die Zeit ist, . . . Naja, die Zeit läuft einem weg . . .". Nils überlegt kurz und antwortet dann: „Ach so! Jetzt laufe ich weg - also bin ich die Zeit" und rennt aus dem Klassenzimmer.

Zeit ist das Mittel, mit dem wir glauben, unser Leben messen zu müssen. Zeit ist relativ. Während der Leser dieses Buch liest, verwandelt sich das, was er liest, von Gegenwart in Vergangenheit. Oder: In fünf Minuten kann der Geschäftsmann schnelle Entschlüsse fassen, die Tausende von Arbeiter angehen, während dieselben Minuten für einen Gefolterten eine Ewigkeit dauern. Unser Zeitbegriff geht von der sogenannten Wirklichkeit aus, *ist* unsere Wirklichkeit.

Aber es gibt auch eine andere Zeit, die Zeit der Fiktion und der Phantasie. Das ist die *magische* Zeit des Theaters. Solche Zeit verdreht, verwandelt die wirkliche Zeit. Die Uhrzeit und die Zeit der Handlung sind zwei verschiedene Zeiten. Im Traum kann in wenigen Minuten sehr viel passieren. Das können wir nicht steuern.
Über die Zeit der Handlung im Theater ist der Künstler Herr. Wir kennen alle den lieben Satz, „Es war einmal . . .", der die Märchen einleitet. Da treten wir ein in die magische Zeit.

Rein technisch gesehen arbeiten wir im Theater andauernd mit der Zeit, zum Beispiel bei der Anwendung der Begriffe „von" und „bis". Solche Markierungspunkte in der Zeit sind die Voraussetzungen für unsere Orientierung, für unseren Begriff von Zeit. Manchmal sind diese „Zeitpunkte" wichtiger als die Zeit, die zwischen ihnen abläuft, z. B. von 1939 bis 1945, Kriegsausbruch und Frieden. Wenn wir mit „Zeit", mit dem Begriff von Zeit im Theater gut und richtig umgehen, die Engländer sprechen von „timing", können wir durch unser Empfinden - gefühlsmässig, intellektuell oder sogar geistig - neue Dimensionen erleben. Daraus erwächst ein Stimulans, das den Zuschauer so offen macht, daß wir gelegentlich ein Schild zeigen können, auf dem steht „Am nächsten Morgen" oder „Drei Jahre später", ohne daß er protestiert. Wir kennen diese Technik vom Film.

Wir können auch ganz anarchistisch die Zeit verlängern oder verkürzen. Verlängerung ist geeignet, um etwas besonders hervorzuheben, wie wenn wir im Fernsehen ein Fußballtor nochmals in „slow-motion" sehen. In Samuel Becketts „Warten auf Godot" steht die Zeit sogar ganz still - das wird durch lange andauernde Unbeweglichkeit auf der Bühne ausgedrückt. Wenn da ein Blatt vom Baum fällt, erhöht dies den Eindruck von Stille noch mehr.

Die Beschleunigung der Zeit kann rein technisch vor sich gehen. Sie kann z. B. dargestellt werden durch Schnellerwerden in der Bewegung oder durch Lichtwechsel. Die Stroboscop-Lampe hinterläßt den Eindruck von rasend schnell ablaufenden Geschehnissen. Marcel Marceau versetzt uns in ein wildes Abenteuer von Zeitenwechsel, indem er nur *geht* und dabei immerzu die Geschwindigkeit und den Rhythmus seiner Schritte ändert. Dabei rührt er sich nicht von der Stelle!

Die Zeitauffassung von Kindern ist anders als die der Erwachsenen. Fragt man ein Kind (nicht den Nils, der ja davongerannt ist), was Zeit ist, kann es

ganz poetisch antworten, etwa wie der israelische Dichter Yoar Lorch, „Die Zeit? Das ist doch einfach, das Vergangene ist schon weg die Zukunft ist morgen da - und die Gegenwart? Sie ist eben jetzt!" Jacques Prévert sagte, „Heute ist schon gestern und morgen ist auch schon da".
Der Erwachsene sagt zum Kind: „Spielen wir, daß schon Abend ist". Das Kind sagt, „Es *ist* Abend!", und im nächsten Augenblick „Nun ist morgen". Mit Kindern kann man sich wirklich gut über Zeit unterhalten, gewohnte Zeitbegriffe auf den Kopf stellen.

Es heißt oft, daß das Theater kurzlebig, ephemer sei. Es lebt nur im Augenblick, in dem etwas geschieht. Aber wenn ein Kind eine Minute lang ein starkes Erlebnis durch das Geschehen auf der Bühne hat und dieses Erlebnis einen lebenslangen Eindruck hinterläßt, kann man dann noch vom Theater als einer „vergänglichen" Kunst sprechen?

Von 1973 an spielten wir viele Jahre lang „Der kleine Prinz" von Antoine de Saint Exupéry. Da stirbt die Hauptperson, nachdem sie seinem erwachsenen und ängstlichen Gesprächspartner, dem Flieger, erklärt hat, daß Sterben gar nicht so schlimm sei. „Man läßt den Körper zurück wie eine leere Schale, und es tut nicht weh." Solche Worte „versteht" ein Kind nicht nur intellektuell. Kinder verstehen immer mehr als Erwachsene glauben. Die gefühlsmäßige Reaktion stellt sich ein, wenn Worte in Handlung umgesetzt werden. Der Prinz bittet eine Schlange, ihn zu beißen, damit er stirbt, um zu seinem eigenen kleinen Planeten zurückzukommen. Die Schlange gehorcht ihm. Der kleine Prinz zuckt zusammen und fällt dann ganz langsam nieder. Wir haben Beobachtungen angestellt, wie Kinder auf diese Szene reagierten und fanden äußerst selten negative Reaktionen. Dagegen bestätigten oftmals Erwachsene, die später mit ihren Kindern zurückkamen,

„Der kleine Prinz" nach Antoine de Saint Exupéry, 1973

um ihnen dieses Stück zu zeigen, daß sie als Kinder bei dieser Szene ein unvergeßliches Erlebnis hatten.

In dem Puppenspiel von Dr. Johann Faust will der alte Faust die Zeit anhalten und seine Jugend zurückholen. Das Puppentheater zeigt diesen Zeitwechsel, indem zwei Marionetten verschiedenen Alters miteinander den Platz tauschen, so wie es Harro Siegel in seiner Faustversion getan hatte. Für den Schauspieler ist das viel schwerer, er müßte durch Schminke, Perücke und Haltung überzeugen.

Schließlich ist jede Bewegung ein Phänomen der Zeit. Zeit ist das Maß von Geschwindigkeit und Bewegungsdauer. Meine Definition von Bewegung ist: Die Veränderung im Raum zwischen zwei Unbeweglichkeiten. Kann man die Zeit dementsprechend definieren? Sind in diesem Falle Zeit und Bewegung identisch? Es braucht Zeit, eine Bewegung auszuführen, und es braucht eine Bewegung, um die Zeit zu messen. Eine Bewegung kann man ohne Licht nicht sehen. Auch Licht ist Zeit. Und so ist es mit jedem Ton und jeder Stimme. Der Kreis schließt sich, so wie auch ich hier schließe, um mich in den höheren Sphären von Philosophie und Wissenschaft nicht ganz zu verirren.

Nur noch eins: wenn das Licht auf der Bühne erlischt, ist es das Zeichen, daß die fiktive Zeit aufhört. Wenn das Saallicht angeht, sind wir in die reale Zeit der Uhr zurückgekehrt. Aber dazwischen gibt es vielleicht eine Sekunde oder zwei von einer Zeit, die nur dem Zuschauer gehört.

Was passiert da?

Ungewöhnliche Spielorte

Wenn nun der Raum so essentiell wichtig ist für die Handlung und ihre Deutung, dann kann er auch außerhalb des Theaters liegen. Manchmal können Räume sogar Theater initiieren.

Als man mir einen großen Palast in Porto (Portugal) in der Absicht zeigte, dort Theater zu erschaffen, kam mir spontan der Gedanke: „Apokalypse". Besser gesagt, der Raum zog fragmentarische Ideen an, förderte die Strukturierung zersplitterter Gedanken.

Einige ungewöhnliche Spielorte des MARIONET-TEATERN: Der schwedische Reichstag als Schauplatz für Dantons Tod von Büchner, die Straße für die Affaire Pinelli nach dem Gemälde von Enrico Baj (ähnlich wie bei Picassos Guernica schildert Baj hier einen aufsehenerregenden politischen Mord in den sechziger Jahren), ein Keller für die Hamlet-Legende.

Die Hamlet-Legende 1994

Die Geschichte

Die Welt ist zerstört worden von neuen Machthabern unbekannten Ursprungs. Sie haben ein Exemplar der Menschenrasse, einen jungen Mann, gefangen und halten ihn unter strenger Bewachung in einem Keller, um später seine Organe als Ersatzteile zu verwenden. Es gelingt dem verzweifelten Jüngling, sich über einen Bildschirm mit Horazio, einem alten Mann, in Verbindung zu setzen. (Horazio ist auch der Name von Hamlets Freund in Shakespeares Drama). Zwischen dem Jungen und dem Alten gilt die Vereinbarung, daß der jüngere aus dem Schrott, den er in seinem

Gefängnis findet, Puppen anfertigt, die die Rollen des Hamlet-Dramas darstellen. Er soll den Text und die Handlung von Horazio erlernen, damit er, falls er eines Tages fliehen kann, den überlebenden Menschen die Tragödie weiter vermitteln kann. Sie ist ein leuchtendes Beispiel europäischer Kultur, die die Machthaber vernichten wollen. Obwohl er immer wieder unterbrochen wird, lernt der Junge das Stück und identifiziert sich dabei immer mehr mit Hamlet.

In der Zukunft, in der sich das Stück abspielt, gibt es Computer und „virtual reality". Horazio bringt dem Jungen das Puppenspiel bei und hilft ihm, gewisse Vorgänge in Hamlet mit den Mitteln moderner Elektronik zu gestalten. Schließlich gelingt es Horazio, das Überwachungssystem zu paralysieren, und der Junge flieht in die Freiheit.

„Die Hamlet-Legende",
1994, Figuren und Darstellung: Pär Heimdal

Die Rahmenhandlung zu dem von Pär Heimdal ausgedachten und gespielten Drama (Regie: Helena Nilson) erforderte ein „schäbiges Kellermilieu", nicht zuletzt deshalb, weil die Aufführung sich an Teenager wandte, denen man „nichts vormachen" kann, die entweder eine Allergie gegen Theater haben oder noch nie im Theater waren. Deshalb gingen wir mit der Vorstellungen in den Keller von MARIONET-TEATERN.

Man erreicht ihn mit einem Lastenaufzug. Da schlägt einem muffige Feuchtigkeit entgegen. Man sieht Rohre, Leitungen, beschädigte Wände, Verkommenheit und Dreck. Leider mußte das Stück aufgrund polizeilicher Anordnung wieder nach oben verlegt werden.

Wenn man soviel in der Welt herumreist wie das MARIONETTEATERN, muß ein Stück so flexibel sein, daß es zu sehr verschiedenen Spielorten „paßt". Manchmal helfen bei diesem Problem die

genauesten Vorbereitungen sehr wenig. Wenn man ankommt, hat niemand die vorausgeschickte technische Liste gesehen, oder man kann unseren Anforderungen, die ja bei jedem Stück anders sind, nicht entsprechen. Wer nicht zu Hause bleiben will, muß sich anpassen.

1974 sollten wir den „Kleinen Prinz" auf einem internationalen Festival in dem Küstenort Tabarka in Tunesien spielen. Als wir ankamen, stellten wir fest, daß es dort kein Theater, aber viel Strand und Sand gab. Also spielten wir buchstäblich im Sand! „Unsere" Wüste aus Schaumstoff, die wir mitgeschleppt hatten, blieb natürlich im Koffer, denn hier gab es echte Wüste. Auch den richtigen Mond am Himmel und den wahren Wüstenwind. Mücken und Fledermäuse bereicherten die Rollenbesetzung, in der sowieso schon Tiere vorkamen.

Ein anderes mal spielten wir 1975 in dem offenen Theater T.I.M. in Jakarta. Da bekam unser

Puppen-Fuchs von einer echten Katze Besuch. Mitten in der Vorstellung posierte sie in der Bühnenmitte und beobachtete lange den Fuchs mit deutlich femininem Interesse. Als der Fuchs - der Regieanweisung gemäß - einen Sprung machte, verschwand die Katze wie ein Blitz. Wer hatte einen größeren Schrecken - die indonesische Katze, unser Puppenfuchs oder sein Spieler?

Ein ungewöhnlicher Spielort in einem tieferen Sinne war die Burg Rumelihisar am Bosporus in Istanbul. Die geographische Lage an sich war schon merkwürdig genug, genau auf der Grenze zwischen Europa und Asien. Dort spielten wir Antigone von Sophokles, einen der größten Schätze *griechischer* Kultur. Das wurde dem türkischen Publikum ausgerechnet auf dem Platz vorgeführt, von dem aus die Türken vier hundert Jahre lang ihre Flotten ausschickten, um Griechenland zu zerstören!

Bei einem unserer seltenen Gastspielen in Deutschland gab es zwei Mal ganz besondere Spielorte. Dantons Tod wurde in Berlin in der Akademie der bildende Künste gespielt. Ihre Räumlichkeiten kamen dem schwedischen Reichstag am nächsten - der Berliner Reichstag war, wie bekannt, nicht zugänglich. Am Ende des Stückes, zur Hinrichtung Dantons, mußte das Publikum auf die Straße. Dort hatten wir eine echte Guillotine aufgestellt, von der dem heimkehrenden Publikum ein blutiger Hemdfetzen zuwehte.

1972 fanden die Olympischen Spiele in München statt. Frank Burckner aus Berlin, der für die künstlerische Gestaltung bei den Spielen verantwortlich war, hatte den Auftrag, fünf radikale Bühnengattungen auszuwählen, die auf dem Olympiagelände auftreten sollten. MARIONETTEATERN hatte die Ehre, dazuzugehören, sowie

„Stockholm 1912"; 1972

u. a. Jérome Savary aus Paris und Shuji Terayama aus Japan.

Jede Gruppe hatte den Auftrag, die Welt so zu schildern, wie sie aussah, als die Olympischen Spiele im eigenen Land stattfanden. Die letzten Olympischen Spiele in Schweden waren 1912. Also forschte ich nach, wie die Welt damals aussah.
Da wir dann auftreten sollten, wenn ein Wettkampf zu Ende war und viele Menschen sich bewegten, teilte ich mein Ensemble in drei Gruppen von selbständig herumziehenden Kaspertheatern auf.

Jedes dieser Theater sollte eine kurze Szene über Ereignisse um 1912 spielen und dann weiter zu einem anderen Platz ziehen. Eine der Szenen zeigte, wie ein gewisser Karl Liebknecht 1912 im deutschen Reichstag mit erhobener Faust dagegen protestierte, daß Deutschland, das Deutschland des Kaisers, deutsche Juden in Massen nach Polen schickte. Nicht alle Münchner waren über diese Szene erfreut, denn wir traten damit auf empfindliche Zehen.

Als das Attentat auf die Sportler aus Israel geschah, hielten wir Rat und beschlossen, nicht länger aufzutreten. Nur die offiziellen Münchner Theater spielten weiter.

Unsere meist umfassende Zusammenarbeit mit dem schwedischen Nationaltheater „Dramaten" in Stockholm fand 1980 statt. Es war eine umfassende Bearbeitung von fünf klassischen griechischen Dramen dreier Autoren, die alle das Schicksal von Ödipus und seiner Familie behandeln: „Die Ödipus-Sage"- die Handlung spielte sich an dem Kreuzweg ab, an dem einst der junge Ödipus seinen Vater getötet hatte.

Das Spiel war mit Schauspielern und Puppen besetzt. Die hervorragendsten Schauspieler des Nationaltheaters wechselten ab mit Puppen, die der Bühnenbildner Lennart Mörk nach Steinen griechischer Strände hatte anfertigen lassen. Diese Puppen wurden ähnlich wie beim Bunraku geführt. Antigone war solch eine „Steinpuppe", wie auch ihre Schwester Ismene. Die Schauspielerinnen waren sichtbar und sprachen ihre Rollen direkt hinter den Puppen, die sie erstaunlich gut führten.

Ein besonders interessantes Experiment in dieser Aufführung war die Gestaltung des blinden Theresias - eine überlebensgroße Puppe mit einem „Steingesicht". Die Puppe wurde von hinten getra-

gen. Bei den gewaltigsten Auseinandersetzungen zwischen Theresias und Kreon trat die Schauspielerin Ulla Sjöblom aus dem weiten Mantel der Puppe heraus und ging dann wieder in den Puppenkörper zurück - zwei simultane Gestaltungsweisen für ein und dieselbe Rolle.

Für ein Stück, das sich an einer Wegkreuzung abspielt, sind konventionelle Theaterräume wenig passend. Also stellten wir ein Zelt außerhalb der Räumlichkeiten von Dramaten auf und plazierten das Publikum in der Form von vier Quadraten. Damit hatten wir zwei sich kreuzende Straßen, wo Schauspieler, Puppen, Wagen und Armeen sich begegnen konnten.

Den vielleicht originellsten Schauplatz bietet das Internationale Puppentheaterfestival auf der Insel Hydra in Griechenland. Da ich seit 1974 im Sommer auf dieser Insel wohne, dort zu Gast bin und voll akzeptiert werde, wollte ich den Griechen gerne etwas zurückgeben. Die Bevölkerung lebt von und für die zahlreichen Touristen, die diese historische Insel besuchen. In der Hochsaison arbeiten die Einheimischen praktisch Tag und Nacht und haben zu einem Kulturleben kaum Zugang. Was gibt es für diese Situation besseres als Puppentheater aus aller Welt? 1985 schlug ich der damaligen Kultusministerin Melina Mercouri vor, eine solche Initiative zu unterstützen. Sie war spontan einverstanden und ihr Ministerium steuerte eine bescheidenen Subvention bei. Dabei ist es geblieben, und mit den Mitteln, die ich von Schweden aus einfließen lassen konnte, entstand eine ungewöhnliche binationale Zusammenarbeit. Viele der besten und schillerndsten Puppentheater waren schon dort und wollen immer wieder kommen, denn was die Insel bietet, ist wahrhaftig einzigartig.
Aber was sie nicht bieten kann, sind Voraussetzungen für ein Festival. Der Ort Hydra liegt um

Ulla Sjöblom als Theresias, aus „Die Ödipussage" nach Aeschylos, Sophokles und Euripides, 19
Figur: Lennart Mörk

einen kleinen Hafen herum. Von dort suchen sich die Gassen, die eigentlich Treppen sind, ihren Weg zum Berg hoch. Aus historischen und aus architektonischen Gründen steht Hydra unter „Kulturschutz". Von Hydra aus begann 1822 der griechische Freiheitskampf, der die vierhundert Jahre dauernde türkische Okkupation Griechenlands beendete. Es gibt auch keine Autos auf Hydra. Einziges Transportmittel ist der Esel. Mancher Puppenspieler staunte, als seine Kisten auf Eselsrücken vom ankommenden Schiff aus abtransportiert wurden.

Als Theaterraum gibt es nichts als einen Felsen am Meer, wo es eine ebene Fläche erlaubt, eine Bühne und fünfzig museumsreife Stühle aufzustellen. Da aber die ganze Insel zur Vorstellung kommt, gibt es einen ständigen Kampf um diese Stühle. Wer ohne bleibt, setzt sich auf den Kieselgrund. Zwei Scheinwerfer, die ich dem MARIONETTEATERN entwand, sorgen für unsere hochtechnologische Modernität, aber der Mond hilft meistens auch noch mit, die Beleuchtung zu unterstützen. Den Hintergrund bilden nachts das schwarze Meer und die Sterne.

Das Festival hat nur einen Feind, aber einen mächtigen. Das ist der Wind. Wenn der Meltemiwind einsetzt, wollte schon manches Schattentheater wegfliegen, die Schatten gerieten zu Wellen, statt deutlich sichtbare Form anzunehmen.

Aber kein Wind konnte uns davon abhalten, Schattenspiel anzubieten. Ein Puppenfestival ohne Schatten in der Heimat von Karaghiozis ist undenkbar. So versuchen wir jedes Jahr, griechische Künstler mit dabei zu haben. Das Festival hat die einheimischen Künstler angeregt und hat eine junge Generation von Puppenspielern angezogen. Ohne Absicht ist Hydra zu einem Zentrum des griechischen Puppentheaters geworden. An diesem besonderen Spielort gibt es also ein primitives, originelles und schönes Theater. Lange bevor es erträglich kühl geworden ist, kommen Urgroßväter und Großmütter mit den kleinsten Urenkeln und Enkeln um einen der raren Stühle zu erwischen und dann bis neun Uhr abends dort zu „parken". Sie schauen den Künstlern bei ihren Vorbereitungen zu, wie die Bühnen aufgebaut, die Fäden der Puppen geordnet, Klänge ausprobiert werden. Und wenn dann, nach einer manchmal schweren Geduldsprobe, eine Puppe aus Japan oder Italien das Publikum während der Vorstellung still werden läßt, ist es immer wie ein kleiner glücklicher Sieg, der sich neu wieder einstellt.

Rolle oder Ausstattung?

Im Puppentheater ist es selbstverständlich, daß das Geschehen mit Formen, Farbe und Licht dargestellt wird. Das gilt ebenso für die Puppen wie für ihre Umgebung und für den Hintergrund. Die Szenographie spielt dabei oftmals selbst eine tragende Rolle.

Beispiele

In Baptistes Pantomime spielte die Szenographie eine Hauptrolle, wenn z. B. die Bewegungen der Wolkenkratzer die Bedrohung der einsamen Gestalt anzeigten.

Im Zauberer von Oz wird eine Wanderung durch den Wald so geschildert, daß es die Bäume sind, nicht die Figuren, die sich bewegen, indem sie herumgleiten, manchmal zusammenfahren, um einem schmalen Pfad um die Puppen zu formen, manchmal auseinandergleiten, um einer Lichtung Platz zu geben.

In König Ubu ist die große russische Armee wie eine bewegliche Wand gestaltet. An ihr sind unzählige flache Soldaten befestigt, die ihre Köpfe, Beine und Waffen bewegen können. Die Wand rollt mächtig zum Rhythmus von Marschmusik vorwärts, die Soldaten strampeln, und plötzlich teilt sich die Wand, um den anstürmenden Zaren durchzulassen oder den fliehenden Ubu zu verschlingen. So wird eine ganze Schlacht „szenographisch" dargestellt.

In Ramayana ist das noch mehr der Fall. Die Götter halten im Himmel Zusammenkunft. Sie sitzen auf Wolken. Erst gleiten sie ruhig auf die Bühne, aber während ihre Diskussion hitziger wird, sind es die Wolken, die herumfahren, zusammenstoßen, stürmen und wüten und somit das Temperament der Diskussion gestalten, während die Götter ruhig bleiben. Das Spiel geht unten auf der Erde weiter: Bilder werden hereingerollt. In den Bildern bewegen sich flache Figuren, das Meer tobt, Berge stürzen ein, Feuer flammt auf, Paläste brechen zusammen. Die Elemente werden zu Rollen.

Den Begriff „Rolle" möchte ich so definieren: Sie ist das, was ein Geschehen trägt, vorwärts treibt. Sie ist die Stelle auf der Bühne, wo Aufmerksamkeit und Konzentration im Augenblick liegt, unabhängig davon, ob das eine Puppe im traditionellen Sinne ist oder ein anderes beteiligtes Element. Die herkömmlichen Begriffe verwischen sich dabei. So steht, meine ich, unser gewohntes Auseinanderhalten von Rolle, Szenographie und Bühne im Puppentheater zur Diskussion.

Alle drei können zu einer Einheit zusammenschmelzen. Rolle kann ein Bühnenbild sein, das zugleich auch Bühne ist.

Ein weiteres Beispiel für dieses Verfahren ist eine Inszenierung vom Februar 1996:

Das Lächeln am Fuße der Leiter 1996

Im Alter von dreißig Jahren las ich intensiv die Werke Henry Millers. Dabei stieß ich auf eine kleine Novelle mit dem Titel „Das Lächeln am Fuße der Leiter".

Die Geschichte

Miller erzählt von August, dem alternden, lächelnden Clown, von seinen Sorgen, seinem Verhältnis zum Publikum und von seinem abnehmenden Er-

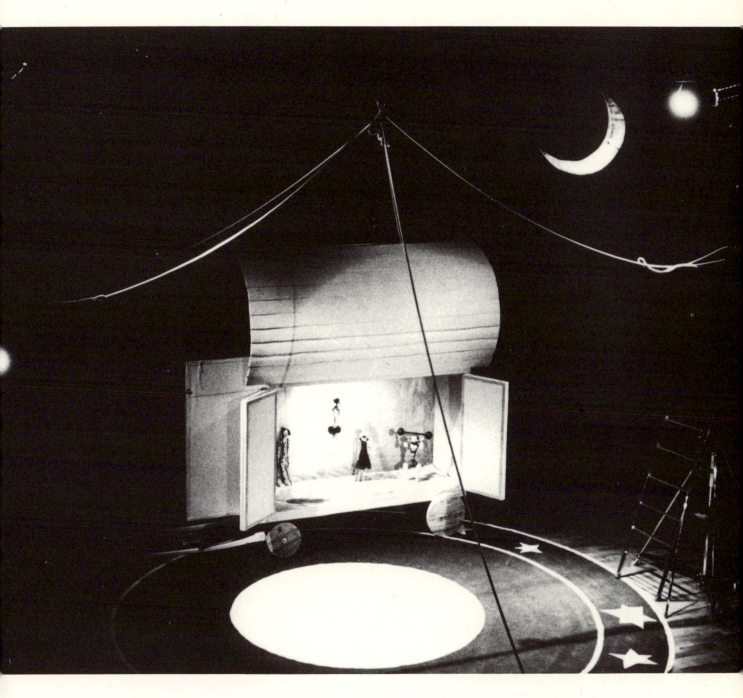

„Das Lächeln am Fuße der Leiter" nach Henry Miller, Den Blå Hest, Århus, 1996, Bühne: Michael und Michaela Meschke

folg. Es fällt ihm immer schwerer, das Publikum zu unterhalten. August muß den Zirkus verlassen und verkommt zum Vagabunden. Zunehmend geistig gestört, hat er wiederkehrende Visionen von Engeln, vom Himmel. Keiner kümmert sich mehr um ihn, den einstmals berühmten. Er verirrt sich schließlich nachts im Central Park von New York. Geblendet von einem starken Licht geht er diesem entgegen, überzeugt, er sei im Himmel angekommen. Aber das Licht kommt von der Taschenlampe in den Händen eines Polizisten. Als die bedrohliche wirkende, verkommene Gestalt Augusts auf ihn zukommt, schießt er.

Vor meinem inneren Auge sah ich eine Aufführung mit Puppen und einem Schauspieler. Ich schrieb an Henry Miller, um seine Erlaubnis einzuholen. Zu meiner Überraschung kam bald Antwort; der Gedanke sei ihm lieb, ich sollte frei weiterarbeiten. Ich hätte ihm dreißig Jahre früher schreiben sollen, dann hätte er selber mitgemacht. Nun könne er nicht, weil er seine ganze Zeit mit Prozessen wegen Obszönität vergeuden müsse. Ich konnte ihn in meiner Antwort nur insofern trösten, daß eine Zusammenarbeit dreißig Jahre früher auf keinen Fall möglich gewesen wäre, aus dem einfachen Grund, daß ich damals erst vier Jahre alt war! Seit diesem Briefwechsel sind nochmals dreißig Jahre vergangen, und endlich sind die Vorraussetzungen dafür gegeben: Ein ehemaliger Schüler von mir, François Boulay, der an dem dänischen Experimenttheater Den Blå Hest wirkt, wollte schon lange, daß wir dieses Stück zusammen machen. 1996 konnte endlich der alte August (ich) dem jüngeren August (Henry Miller) zur Geburt verhelfen.

Dieser kleine Ausflug in die Literaturgeschichte führt geradewegs wieder zur eigentlichen Sache, nämlich zur Raumgestaltung für „Das Lächeln am Fuße der Leiter".

Ich möchte vermeiden, daß die inneren Vorgänge Augusts, seine Schmerzen, Demütigungen und Phantasmagorien durch traditionelle Bühnenbilder, wie etwa „festlicher Zirkus", „Landstraße", „Central Park" zerstreut werden. Solche „Illustrationen" würden das Wesentliche schwächen. Deshalb ist der schwarze Raum wieder einmal der natürliche Ausgangspunkt. Darin kommen höchstens einige traditionelle Zirkuselemente, wie etwa Seile, Flaggen, eine Leiter, fragmentarisch angedeutet vor.

Der Zuschauer soll selbst vor sich sehen können, was August gerade erlebt, so wie August seine Visionen mit der „wirklichen" Wirklichkeit verwechselt. Ob es dadurch gelingt, daß das Publikum sich mit der Situation Augusts identifiziert, bleibt offen. Die Herausforderung besteht also aus drei Dingen: Die Rolle Augusts, die Bühne als Raum und die reduzierte Ausstattung, auf einen gemeinsamen Nenner zu bringen und damit die Grenze, zwischen den drei Kategorien aufzulösen.

Sollte ein so bildbesessener Regisseur, wie ich es bin, hier auf das Bild verzichten? Nein, nicht ganz, denn es kommen Gemälde meiner Tochter Michaela vor - das Zirkusorchester und die himmlischen Engel, die August zu sehen glaubt . .

Bildtheater

Gewisse Überlegungen und Erfahrungen in dem Bereich, den wir oft etwas kategorisch als Szenographie bezeichnen, führten mich zu einer „Erkenntnis der Inkonsequenz". Zum Ärger derer, die nicht wahrhaben wollen, daß Szenographie, wie sie heute weitgehend aussieht, eine Halbkunst ist, in dem sie auf halber Strecke ihrer Entwicklung stehen geblieben ist.

Dies ist bewußt etwas übersteigert ausgedrückt, um an den Kern der Sache zu kommen. Es bedeutet nicht, daß ich die Ausnahmen von der Regel ignoriere. Dazu folgendes: In der Musik gibt es die absolute Musik, die nichts anderem untergeordnet ist als ihren eigenen Gesetzen. Und dann die Gebrauchsmusik, die zugleich auch anderen Zwecken dient, zu illustrieren, zu untermalen, zu begleiten. Ebenso ist es in der Szenographie. Sie schmückt, illustriert, untermalt, sie will das Verstehen der Handlung unterstützen, bleibt aber meistens nur Illustration in einer untergeordneter Position. Warum nicht weitergehen, warum nicht das Geschehen allein als Szenographie gestalten? Das „wortreiche" Drama „Fräulein Julie" von Strindberg kann auch als „wortloses" Tanzdrama gestaltet werden (Birgit Cullberg). Ebenso müßte es als Bilddrama dargestellt werden können.

Ich sehe eine selbständige Kunst theatraler Interpretation vor mir, bei der die Gesetze der Malerei zusammen mit der Bewegungen voll zur Geltung kommen. Mit Bewegung meine ich hier sowohl die „malerische Bewegung" im Bilde, wie auch die physische Bewegung des Gemalten im Raum. Dies wäre eine andere Form von Theater als das der Schauspieler. Es wäre eine autonome Form, die dem Bild völlige Freiheit zugestehen und damit den Bühnenkünsten etwas ganz Neues zuführen

würde. Wie soll das Neugeborene heißen? Warum nicht: „Bildtheater"? Oft stritt ich über dieses Thema mit dem schwedischen Szenographen Lennart Mörk. Einmal war er in der geradezu schizophrenen Situation, zur selben Zeit, das selbe Stück für zwei verschiedene Regisseure zu gestalten. Es ging um Strindbergs Traumspiel, das Ingmar Bergman in Stockholm und ich in Turin inszenierte. Sowohl die Arbeitsverhältnisse als auch die beiden Konzeptionen waren total verschieden. Einerseits der „Gigant" Bergman und andererseits der „Zwerg" Meschke, dazu noch in fremder Umgebung und fremder Sprache. Mörks Arbeit war in beiden Fällen stark. Ich behaupte natürlich, daß die „italienische" Fassung die schönste wurde. Lennart Mörk ist durch und durch protzende Vitalität, Einfallsreichtum, sicheres Formgefühl und ein „aufdringlicher" Maler, der gerne die ganze Bühne für sich einnimmt. Sein Reichtum an Phantasie genügt, um allein ein Stück zu gestalten. Deshalb warf ich ihm immer wieder vor, warum er nicht seinen Weg konsequent ginge und reines Bildtheater mache.

Dabei gab es bereits Künstler, die wenigstens in dieser Richtung dachten und auch arbeiteten. Zu Beginn dieses Jahrhunderts entwickelte Adolphe Appia neben Edward Gordon Craig das nicht-realistische Theater, was recht bald zu der bekannten Kollision mit dem vorwiegend realistischen Theater führte, dessen Repräsentant Stanislawski war. Das Bühnenbild, so Appia, sollte nicht die Illusion der Wirklichkeit vermitteln sondern durch Stilisierung eine andere Wirklichkeit aufzeigen. Diese Einstellung gipfelte in der Forderung, nur das Unvermeidliche in den leeren Raum zu stellen.

Zur selben Zeit schrieb Strindberg sein Traumspiel, das sich literarisch mit den selben Fragen beschäftigt.

In seinem Buch „Bildertheater" schildert der Autor Peter Simhandl den Standpunkt des Ungarn Laszlo Moholy-Nagy. 1925 machte dieser in einem Manifest Aussagen, die gewissermaßen meinen oben beschriebenen Überlegungen vorausgehen: Form, Bewegung, Ton, Farbe und Raum sind in Bezug auf den Akteur gleichwertige Elemente. Und dieser sollte „mechanisiert" sein, weil er dann das Menschliche besser aufzeigen könnte als der Mensch selbst. Ist das nicht auch eine fabelhafte Definition von Puppentheater? Fernand Léger sagte, die „Gegenstände sollen agieren". Oskar Schlemmer (Das Triadische Ballett) wollte das „Seltene" erreichen . . . Wiederum eine hervorragende Devise für den Puppenspieler.

Die drei Kunstbewegungen Expressionismus, Futurismus und Abstraktion bereiteten den Weg für eine neue Bühnenkunst, die dem Puppentheater nahesteht. Aber die Vertreter des Puppentheaters haben erstaunlich lange daran vorbeigearbeitet. Nur wenige Ausnahmen, wie Geza Blattner oder Harry Kramer, nahmen Impulse aus dieser Richtung auf.

Eine ähnlich starke Welle neuer Impulse für die Bühne kam in den sechziger Jahren durch Künstler verschiedener Gattungen wie Rauschenberg, Cage, Pollock, Cunningham und andere. Wieder schien mir, daß das Puppentheater im Allgemeinen nicht viel davon wahrnahm. Und wie wichtig und nahe verwandt sind Happening und später Performance-Art für das Puppenspiel als Inspiration und zur Erneuerung?

Als Repräsentant der Puppentheaterkunst muß ich gestehen, daß ich selbst neue Strömungen zum Teil verpaßt habe. Manchmal machten sie mir einfach Angst, weil ich sie nicht begriff. Manchmal suchte ich - zu kurzsichtig - nach neuem Ideenstoff nur auf dem Feld der Welt-Dramatik, ohne zu erkennen, daß ich das selbe aussagen wollte wie diese neue Kunst. Vielleicht zögerte ich nur, weil ich fühlte, daß ich die Ausdrucksmittel von Malern und Bildhauern nicht beherrschte, während hingegen ein Puppenspieler wie Philippe Genty eigene Wege fand, um seine Kunst in dieser Richtung zu erneuern.

„Frauen", Figuren von Monika Meschke, 1984, von li. nach re.: Monika Meschke, Figur, Claire Wikholm

Frauen 1984
Ein Skulpturen-Theater-Experiment

Wie soll man ein Bühnenwerk bezeichnen in dem folgendes geschieht:
In einem Zuschauerraum, einem Amphitheater ähnlich, sitzen oder schweben Skulpturen, die Frauen darstellen, einzeln oder in Gruppen unter den Zuschauern. Auf der Bühne stehen, sitzen, schweben und drehen sich weitere Skulpturen, die alle lebensgroße, überlebensgroße und kleinere Frauen darstellen. Alles ist ganz statisch - oder auch nicht, denn unter den Skulpturen bewegen sich langsam zwei (lebendige) Frauen - die eine, eine Schauspielerin, Claire Wikholm, die von Frauenangelegenheiten, Männerrelationen usw., vor sich hin redet, die andere, den Skulpturen auffallend ähnlich, wandert stumm unter den Skulpturen einher, wirft mit Blicken um sich, stellt Figuren um, wobei immer neue Relationen entstehen zwischen Lebendigem und Statischem. Am Ende hat man den Eindruck, einen ständig wechselnden Einblick in ein Frauenschicksal zu bekommen, still, voller Intimität und sanfter Musik.

Eine Aufführung, eine Performance zwischen Ausstellung und Vorstellung, zwischen Zuschauersaal und Bühne, zwischen persöhnlichem Tagebuch und Allgemeingültigkeit - vor allem aber eine *Begegnung*.

Dieses Experiment wurde nach seiner Geburt am MARIONETTEATERN in verschiedenen Ländern wiederholt, auf öffentlichen Plätzen, verlassenen Bahnhöfen oder in Kunstgalerien.

Nochmals: Ubu

Doch es gibt ein einzigartiges Beispiel für die Verschmelzung von Puppentheater und Bildtheater in einem Werk von Joan Miró. Kurz vor seinem Tod, 1983, schuf er zusammen mit Joan Baixas, dem Leiter des Theaters Claca bei Barcelona, eine Adaption des Ubu-Themas unter dem Titel „Morí el Merma".

Der spanische Diktator Franco war gestorben, die Oper von Barcelona sollte nach Reparaturen wiedereröffnet werden. Baixa brachte dort die Premiere einer überwältigenden Inszenierung heraus. Dank seiner großzügigen Einladung durfte ich bei dieser historischen Begebenheit dabei sein. Es gab ein rasantes Spiel mit mächtigen Formen, fantastisch-grotesken Halunken und Götzenbildern, die monströsen Vater und Mutter Ubu - alles in Mirós wohlbekannter Explosion von Farben. Die ganze Aufführung war ein Jubelschrei über das Ende der Diktatur. Das Publikum teilte die Freude beim Schlußapplaus. Der kleine, neunzigjährige Miró mußte auf die Bühne, um den Jubel entgegenzunehmen. Eingeschüchtert und bescheiden verbeugte er sich. Da dachte ich: was für ein Geschenk dieses großen Malers an die Puppentheaterkunst der ganzen Welt.

Pate bei den beiden Aufführungen, von denen gesagt wird, daß sie als entscheidende Erneuerung unserer Kunst in diesem Jahrhundert Geschichte machten, war König Ubu - 1964 in Stockholm und 1983 in Barcelona. Nicht ohne Grund sind diese beiden Theater als Bildtheater zu bezeichnen. Damit stehen sie im Bund mit dem dritten Erneuerer, dem „Bread and Puppet Theatre" von Peter Schuman, das ebenfalls als „Bildtheater" gelten kann, auch wenn Schumann von der Bildhauerei her kommt.

Vielleicht fragt der Leser sich jetzt, ob·ich mich nicht widerspreche, wenn ich einerseits so starke Inspiration von der Bildkunst her hole und es andrerseits scheint, daß ich die Szenographie eliminieren will. Dazu möchte ich jedoch klarstellen, daß die Inspiration vom Bild nur dann ihre Berechtigung hat, wenn sie einem wichtigen Inhalt entspricht und dient. Ich wende mich also nicht gegen die Szenographie als solche sondern gegen ihre stagnierenden Konventionen und sehe sie lieber als eine neue, ganz selbständige Kunst.

Ich bin davon überzeugt, daß das Puppentheater sich auch weiterhin durch die Bildkunst, wie überhaupt durch Impulse von anderen Kunstgattungen, erneuern wird.
Die Schwierigkeit liegt nicht darin, neue Eindrücke von außen zu bekommen. Es besteht eher die Gefahr, daß das Puppentheater dabei seine „Seele" verlieren könnte - auf dem Markt der Spekulationen oder unter dem Druck von Unsicherheit und Minderwertigkeitskomplexen.
Die Seele ist das, was dem Puppentheater in seinem innersten Kern zueigen ist und was keiner anderen Theatergattung gleicht. Die Seele des Puppentheaters hat viele Namen. Einer könnte die Reinheit des Kindes sein.

Kindertheater

Fast am Ende dieses Buches angelangt, fragt sich der Leser vielleicht, wie es kommt, daß ich kaum das Puppentheater für Kinder behandelt habe, obwohl das Kinderpublikum die Basis für die Existenz nicht nur des MARIONETTEATERN, sondern auch der meisten anderen Puppentheater ist. Eben deshalb unterlasse ich es, im Rahmen dieses Buches über das Thema Grenzüberschreitungen im Erwachsenentheater, auch das Theater für Kindern einzubeziehen. Es ist ein viel zu verantwortungsvolles Gebiet, um nebenbei behandelt zu werden. Das Kindertheater verdient ein eigenes Buch. Die Fragen und Probleme, die in Bezug auf das Theater für Kinder aufkommen, sind von größter Wichtigkeit. Sie ziehen andere Gebiete mit hinein, wie das der Gesellschaft, der Erziehung, psychologische, soziale und ethische Aspekte, ohne die das Thema nur an der Oberfläche bliebe.

Ich möchte hier nur folgendes sagen: *Nichts* in unserer Gegenwart gibt größeren Anlaß zu Empörung, ja Wut, als die Behandlung der Kinder. Nirgendwo anders gibt es mehr Verdruß, Heuchelei und Willkür, nirgendwo anders ist die Verantwortung der Erwachsenen größer. Keine künstlerische Tätigkeit ist schwerer auszüuben, wenn sie gut sein soll, als die für Kinder. *Kein* Theater ist wichtiger als das für Kinder.

In mehr als vierzigjähriger Beschäftigung damit hat es verschiedene Stadien, wechselnde Ansichten gegeben, die die praktische Arbeit lenkten. Ich stelle heute fest, daß meine Einstellung immer radikaler wird, weil das Mißhandeln von Kindern, trotz aller anderslautender Rhetorik vom Wohl der Kinder, immer größeren Umfang annimmt. Man braucht sich nur umzusehen. Ich hoffe, dieses Thema eines Tages ausführlich behandeln zu

Aus „Familie Summa Summarum", 1964

können. Ich will hier nur aufgrund einer ganz neuen und aktuellen Erfahrung etwas von „Sarajewo" erzählen.

Die Kinder von Sarajewo 1994

Die Vorgeschichte

Nie hatte ich mir zugetraut selber Stücke zu schreiben, habe ich doch oft behauptet, eine Dramatik für Puppenspiel sei überflüssig, und was es an speziell dazu Geschriebenem gibt, sei selten gelungen, da alles Wichtige von den großen Autoren aller Kulturen schon gesagt worden sei. Außerdem bedarf alles Theater für Puppen sowieso immer einer besonderen Bearbeitung, und diese ist meistens so persönlich, daß sie für jede Aufführung paßgenau gearbeitet werden muß. In dieser Frage war ich - sonst ein Feind aller Doktrinen - recht doktrinär. Nur, wenn einem etwas unter die Haut geht, da können auch Doktrinen zusammenbrechen. Der Bürgerkrieg in Jugoslawien ging mich lange nichts an, hatte ich doch wie viele andere naheliegendere Sorgen. Und war der Balkan nicht sowieso schon immer „stürmisch"...? Dann kamen Berichte, die mir die Augen öffneten. Besonders traf mich im Sommer 1992 der Bericht eines Reporters im Figaro, er habe in den Trümmern von Sarajewo einen Cellisten gesehen, der täglich Albinonis Adagio spielte. „Das ist meine Waffe, mein Beitrag zum Krieg", soll er erklärt haben.

Ganz spontan enstand mein Drama „Sarajewo Musik". Darin sind die Schauspieler eines imaginären Stadttheaters in Sarajewo bei den Proben für Jean Genets Stück „Der Balkon". In diesem Stück wird ein Bordell geschildert, in dem Bürger sich jede sexuelle Illusion kaufen können. Plötzlich bricht eine Revolution in dieser Stadt aus, die dem Bordell immer näher rückt. Während der Proben kommen die Kämpfe des Bosnienkrieges dem Stadttheater immer näher. Die beiden Dimensionen von Realität im „Balkon" verlegte ich in eine dritte Wirklichkeit, in die des Bosnienkrieges. Die Alltagsrealität bringt existentielle Fragen hervor über das, was sich ereignet, während die Schauspieler versuchen, weiterzuarbeiten, bis alles zusammenbricht. Der Untertitel des Stückes lautet „Die Generalprobe" (gemeint ist die Europas). Ist das Stoff für ein Puppenspiel? Bisher fand nur der schwedische Rundfunk es wert, das Stück als Hörspiel zu senden. Allerdings meine ich, Grund zu der Annahme zu haben, daß der Interessenmangel nicht an der Qualität des Stückes liegt sondern mehr an der allgemeinen Gleichgültigkeit.

Kurz nachdem ich das Stück geschrieben hatte, fanden in Schweden aufsehenerregende Polizeiaktionen gegen bosnische Flüchtlingsfamilien statt, die von Nonnen versteckt worden waren. Das brachte mich zu humanitärer Beteiligung, Protestaktionen, Hilfeleistungen zugunsten einzelner Kinderschicksale.

Jetzt stand anstelle der früheren Gleichgültigkeit die Wut. Es drängte uns, diese Erregung mit dem Publikum zu teilen. Aber mit welchem Publikum? Mit den Erwachsenen? Hatten sie nicht lange genug - wie ich selber auch - ihre Gleichgültigkeit gezeigt? Und waren es nicht genau die Erwachsenen, in Jugoslawien wie in ganz Europa, die das Unglück geschaffen hatten? Mir schien es viel wichtiger, die Kinder anzusprechen, geradezu sie vor den Erwachsenen und ihren Missetaten zu warnen. So schrieb ich ein zweites Stück und nannte es „Die Kinder von Sarajewo". Es eilte. Wir schufen das Stück in wenigen Tagen und zwar mit ganz winzige Figuren. Der Eile wegen wurden sie aus Ton gemacht und mit Gelenken versehen. Ein einziger Spieler hinter einem Tisch stellte das

„Die Kinder von Sarajewo", 1994, Figuren: Michael Meschke

Drama dar. Es gelang uns, eine Zusammenarbeit mit den Behörden für Kinderfürsorge zu erreichen, wodurch Stockholms Kinder, ihre Kindergärtnerinnen und Lehrer sowie die Flüchtlingsbeamten usw. nach wenigen Wochen, eine Spielsaison hindurch, das Stück sehen konnten.

Die Geschichte

Zwei schwedische Jungen aus wohlhabenden Familien kommen nach der Schule in eine verlassene Scheune zum Spielen. Plötzlich erscheinen drei gespensterhafte Flüchtlingskinder. Die Jungen begegnen den Eindringlingen mit Mißtrauen und Aggressivität. Die Flüchtlingskinder sind ebenso mißtrauisch und erschrocken. Trotz Sprachschwierigkeiten entsteht ein vorsichtiger Dialog. Den Jungen werden unglaubliche Vorgänge klar, als die Kinder von Sarajewo ihr Schicksal erzählen. Dabei wird geschildert, wie die Stadt beschossen wurde, wie Kinder und Frauen niedergeschossen wurden, während sie beim Wasserholen Schlange standen, wie Familien getrennt und deportiert wurden, bis es die ahnungslosen schwedischen Jungen nicht mehr ertragen können. Als eine Freundin auftaucht, stellt sich heraus, daß sowohl sie wie eines der Flüchtlingskinder stumm ist, sich nur mit Geräuschen verständigen kann. Das schafft Verständnis, Solidarität unter den Kindern. Als die besorgten schwedischen Eltern ihre Kinder suchen, beschließen sie, von jetzt an zusammenzuhalten. Eine Nonne vom naheliegenden Kloster wird zur Hilfe gerufen, um die Flüchtlinge zu verstecken. In dem nicht allzu optimistischen Finale sprechen die Kinder die verzweifelte Hoffnung aus, daß die Erwachsenen zu Vernunft kommen, und daß es den Kindern gelingen möge, trotz der Handlungen der Erwachsenen groß zu werden. Sollte ihnen das gelingen, werden sie eine bessere Welt schaffen!

Grazie

Auf italienisch bedeutet das Wort „Danke", auf deutsch „Anmut".
Grazie ist für mich nicht nur die Schönheit einer Tanzbewegung, nicht nur die Zärtlichkeit einer Marionette, nicht nur die Vollendung entweder in Unbewußtheit oder in Gott, wie Kleist es meinte.
Grazie ist nicht nur Ästhetik sondern auch Ethik und betrifft unser gesamtes menschliches Verhalten.
Grazie ist, die Ellbogen einzuziehen, der diskrete, unaufdringliche Klang der Absätze auf dem Bürgersteig, sich umsehen, wenn man durch die Tür geht, sich zu zweit in enger Küche zu bewegen, ohne einander auf die Füße zu treten, sich zurückzuhalten, wo man merkt, daß man verletzen könnte, das zu hören, was nicht gesagt wird, Geduld zu zeigen, wenn die Ungeduld einen packt, den Mitarbeiter auf der Bühne voll anzuhören, statt ihm die eigene Meinung aufzuzwingen, wenn er sie nicht versteht.

Grazie ist Rücksicht, Mitleid, Liebe. Grazie ist höchster Ausdruck für künstlerische und menschliche Sensibilität.
So gesehen ist sie die Antriebskraft, um die Suche nach dem vollendeten Kunstwerk fortzusetzen.
Wenn nicht durch mich, dann möge ein anderer es schaffen.
So geht es weiter . . .

Künstlerische Biographie

MICHAEL MESCHKE (* 1931)

Inszenierungen für Erwachsene
(MM = Michael Meschke)

1948 Erste Marionetten: Clown Archibald und Figuren für die *Farce von Meister Pierre Patelin*

1951 Marionetten bei Harro Siegel für *Ritter Blaubart* von Georg Trakl

1952 *Nocturne I*, Pantomime für Marionetten von MM, Regie und Figuren: MM Musik: Sven-Erik Bäck

1953 *Les petits riens*. Regie und Figuren: MM, Musik: W. A. Mozart

1953 *Die Geschichte vom Soldaten* von C.F. Raumuz. Regie und Figuren: MM, Musik: Igor Strawinsky

1958 *Das Himmelspiel* von Rune Lindström. Regie und Figuren: MM Szenographie: Gilbert Regazzoni, Musik: Anders Bond

1959 *Hoffmanns Erzählungen* nach E.T.A. Hoffmann, Regie und Figuren: MM, Szenographie: Gilbert Regazzoni, Musik: Jacques Offenbach

1960 *Der Kleiderhändler*, Pantomime für Puppen von MM nach Théophile Gautier. Regie und Figuren: MM Szenographie: Gilbert Regazzoni

1961 *Bagatellen I*, Pantomime für gemischte Spieltechniken von Luisa Meschke und MM, Regie und Figuren: MM, Szenographie: Gilbert Regazzoni, Musik: Sven-Erik Bäck

1961 *Der Weltraumpionier* von Bo Setterlind. Regie und Figuren: MM, Szenographie: Gilbert Regazzoni, Musik: Pär Ahlbom, Csaba Deák

1961 *Die Commedia dell'Arte* nach Giacomo Oreglia. Regie: MM

1962 *Bagatellen II*, Pantomime für gemischte Spieltechniken von Luisa Meschke und MM, Regie und Figuren: MM, Szenographie: Gilbert Regazzoni

1962 *Der Prinz von Homburg* von Heinrich von Kleist. Regie und Figuren: MM, Szenographie: Staffan Westerberg, Musik: Maurice Jarre

1963 *Der gute Mensch von Sezuan* von Bertold Brecht. Regie und Figuren: MM, Szenographie: Yngve Gamlin, Musik: Torbjörn Lundquist

1964 *König Ubu* von Alfred Jarry. Regie: MM, Figuren und Szeneographie: Franciszka Themerson, Musik: Krzysztof Penderecki

1965 *Bagatellen III*, Pantomime für gemischte Spieltechniken von Luisa Meschke und MM, Regie und Figuren: MM

1966 *Die Dreigroschenoper* von Bertold Brecht. Regie: MM, Figuren und Szenographie: Franciszka Themerson, Musik: Kurt Weill

1968 *Undine* von Jean Giraudoux. Regie: MM, Szenographie: Agneta Pauli, Figuren und Kostüme nach Vorbildern von Aubrey Beardsley, Musik: Karl-Erik Welin

1970 *Die Göttliche Komödie* nach Dante Alighieri und Olof Lagercrantz. Regie: MM, Szenographie und Masken: Lennart Mörk

1971 *Handlungen der Schlafenden* von Kerstin Strandberg. Regie: MM

1971 *Dantons Tod* von Georg Büchner. Regie: MM, Kostüme: Françoise Gründ, Musik: Karl-Erik Welin

1972 *Stockholm 1912* von MM, aufgeführt zur Olympiade in München. Regie: MM Figuren und Szenographie: Arne Högsander

1973 *Joaquin Murieta* von Pablo Neruda.
Regie, Figuren und Szenographie: MM,
Musik: Mariela Ferreira

1973 *Der kleine Prinz* von Antoine de Saint
Exupéry. Regie: MM, Figuren und
Szenographie nach Inspiration durch den
Autor, Musik: Karl-Erik Welin

1974 *Das Frühstück der Generäle* von Boris
Vian. Regie: MM, Figuren und
Szenographie: Sture Pyk

1977 *Antigone* von Sophokles. Regie, Figuren
und Szenographie: MM,
Musik: Sven Berger

1980 *Die Ödipus-Sage* nach Aeschylos,
Sophokles und Euripides.
Bearbeitung: Gösta Kjellin und MM,
Regie: MM, Figuren, Szenographie und
Kostüme: Lennart Mörk

1984 *Ramayana* nach dem indischen Epos.
Bearbeitung und Regie: MM

1984 *Frauen* nach Monika Meschke-Barth.
Regie: MM
Figuren: Monika Meschke-Barth

1984 *Ein Weihnachtsspiel* nach schwedischen
Folklore-Motiven, Regie und
Szenographie: MM,
Musik: Jan-Åke Hillerud

1986 *Irische Legende* nach Werner Egk.
Regie: MM, Figuren und Masken:
Monika Meschke,
Musik, Björn Hallman nach Werner Egk

1988 *Don Quichotte* nach Miguel de Cervantes,
Regie: MM

1991 *Christoph Kolumbus* von MM
nach Inspiration von Eduardo Galeano
und Paul Claudel.
Regie, Figuren und Szenographie: MM,
Musik: Karl-Erik Welin

1991 *Don Quichotte*, nach Miguel de
Cervantes, Opernlibretto von MM.
Musik: Karl-Erik Welin

1992 *Sarajewo Musik* von MM

1994 *Die Hamlet-Legende* nach William
Shakesspeare, Bearbeitung, Figuren und
Szeneographie: Pär Heimdal,
Regie: Helena Nilson und MM

1994 *König Lear* von William Shakespeare.
Schauspielrolle als Herzog von Kent,
Orionteater, Stockholm,
Regie: Peter Oskarsson

1996 *Die Apokalypse oder Der aufgeschobene
Weltuntergang* von MM und Ensemble.
Musik: Homero Alvarez

Inszenierungen für Kinder

Seit 1958 bringt das MARIONETTEATERN
jährlich mindestens ein neues Stück für Kinder
heraus.
In den ersten Jahren war es mir ein Anliegen,
Kinder verschiedener Altersgruppen zu versorgen,
besonders die Kleinsten. Später bezog sich das
Angebot von Aufführungen immer mehr auf die
Integration von Kindern und Erwachsenen in
Themen und Gestaltung

Beispiele von Kleinkinderstücken

1959 - *Zirkus* und *Die Familie Summa
Summarum* von MM

1960 Zwei Puppenspiele von Selma Lagerlöf

1963 *Der Zauberer von Oz* von F. L. Baum

1990 *Das einsame Ohr* von PC Jerskild

Beispiele integrierter Familienstücke

1973 *Der kleine Prinz*
nach Antoine de Saint Exypéry
1978 *Odysseus - Die Geschichte vom Meer*
von Gösta Kjellin.
Regie und Figuren: MM,
Musik: Dómna Samiou
1979 *John Bauer* von Johanna Enckel.
Regie: MM
Figuren: Monika Meschke,
Szeneographie: Monika Meschke und
Elisabeth Beijer,
Musik: Karl-Erik Welin
1991 *Kolumbus' Entdeckungsreisen* von MM
1994 *Die Kinder von Serajewo* von MM

Gastregie

1962 *Bagatellen* von MM
Für Teatre Lalka, Warschau, Polen
1965 *Die Geschichte vom Soldaten*
von Ramuz und Strawinsky.
Für Städtische Bühnen, Dortmund,
Deutschland
1970 *Das Traumspiel* von August Strindberg.
Für Teatro Stabile, Turin, Italien,
mit Ingrid Thulin in der Hauptrolle.
Tournee durch Italien
1971 *König Ubu* von Alfred Jarry.
Für Riddersalen, Kopenhagen, Dänemark
1976 *Der kleine Prinz*
nach Antoine de Saint Exupéry.
Für das Nationaltheater Reykjavik, Island
1978 *Der große Makabre*. Libretto: MM,
Musik: György Ligeti. Uraufführung
an der Königlichen Oper in Stockholm
1986 *Der Prinz von Homburg* von
Heinrich von Kleist.
Für Teatro Municipal General San Martin,
Buenos Aires, Argentinien

1989 *14. Juli*. Zum 200-jährigem Jubiläum
der französischen Revolution,
im Kungsträdgården, Stockholm,
Auftrag des französischen Staates
1996 *Das Lächeln am Fuße der Leiter* von
Henry Miller.
Für Den Blå Hest, Århus, Dänemark
1996 *Das einsame Ohr* nach PC Jerskild.
Für Nørregaard & Reiches Teater, Århus,
Dänemark

Filmproduktionen

1969 *Prag 69*. Kurzfilm
1969 *Luogo Candido*. Kurzfilm
1971 *Theater im Reichstag*.
Dokumentation zu „Dantons Tod"
1974 *Purgatori* (Fegefeuer). Spielfilm,
zusammen mit Silvano Agosti, Rom.
Produktion: Schwedisches Filminstitut
1977 *Ulla Sjöblom 1977 - Portrait einer
Schauspielerin*. Kurzfilm

Fernseh-Aufzeichnungen für das schwedische Fernsehen

1961 *Benjamins Werkstatt*,
Serie „Puppenbau für Kinder"
1963 *Der gute Mensch von Sezuan*
1967 *König Ubu*
1976 *Hoffmanns Erzählungen*

Lehrtätigkeit

Seit 1958 ständige Ausbildung von Puppenspielern aus Schweden und der Welt am MARIONET-TEATERN. Für diese Arbeit 1994 von der schwedischen Regierung mit dem Ehrentitel Professor ausgezeichnet.

1981- Wiederholte Unterrichtsperioden am Institut International de la Marionnette in Charleville-Mézières, Frankreich
1975- Gastlehrer in Brasilien, Mexiko, Indien, Griechenland, Finland, Spanien, Island Thailand, Uruguay, Argentinien etc.
1990- Berater am Indira Gandhi National Centre for the Arts, New Delhi, Indien
1991 Lehrer an der Norsk Dukketeater Akademi
1994 in Fredrikstad, Norwegen und an der Nordland Dukketeater Verksted in Stamsund, Norwegen.
1994- Leiter der „Abteilung für Puppenspiel Michael Meschke" an der Schule für Kunst und Kommunikation in Turku, Finland

Sonstiges

Häufige Vorträge an Universitäten und Instituten in Europa, Asien und Lateinamerika, z. B. an den Universitäten von Gent, Belgien und Aix en Provence, Frankreich, Chulalongkorn und Thammasat University, Bangkok, Thailand, Sangeet Natak Akademie, Indien.

Seit 1985 Leiter der internationalen Puppenspieltage auf Hydra, Griechenland, jährliches Sommerfestival.

Organisator von vielen internationalen Puppen-theaterfestivals in Stockholm.

Weltweite Tourneen mit MARIONETTEATERN.

1972 - 1996 Mitglied des Exekutivkommitees der Union International de la Marionnette, u. a. Vizepräsident und Vorsitzender der Dritten Welt Kommission.

Mitglied der schwedischen Theaterakademie

Publikationen:
„In Search for Aesthetics for the Puppet Theatre", englisch (I. G. N. C. A., New Delhi 1992) spanisch (Bilbao, 1988), schwedisch (Carlssons, Stockholm, 1989)
„Grenzüberschreitungen" (Nold, Frankfurt am Main, 1996)

Aufsätze (Auswahl):
„Wütende Machtlosigkeit" und „Jeder Kunst ihren Platz" in PUCK Nr 3 und Nr. 6, Charleville-Mézières, Frankreich

„A Space for Love", Concepts of Space, Ancient and Modern, Indira Gandhi Centre for the Arts, New Delhi, 1991
Zahlreiche Artikel in der schwedischen Tagespresse und Publikationen sowie Anweisungshefte über die Herstellung von Puppen und über Puppentheater

Michael Meschke 1988

Namensverzeichnis